Mein neues Leben
Glücklich und Aktiv in den Ruhestand
Britta Zerdinger

Britta Zerdinger

Mein neues Leben

Glücklich und Aktiv in den Ruhestand

Inhaltsverzeichnis

Einleitung

Der Ruhestand ist für die einen der Beginn einer lebensfrohen und erholsamen Zeit, auf die das gesamte Arbeitsleben hingearbeitet wurde. Für die anderen markiert er den Beginn von Unsicherheit und Infragestellung des eigenen Daseinszwecks, weil man befürchtet, sich fortan außerhalb des Arbeitslebens nutzlos und einsam zu fühlen. Für diese Menschen hört sich „Ruhestand“ oft wie „Ruhe sanft“ an. Ich möchte Ihnen in diesem Buch zeigen, dass man vor dem Ruhestand keine Angst haben muss – ganz im Gegenteil. Natürlich gibt es Faktoren wie körperliche Einschränkungen, Erkrankungen oder auch finanzielle Aspekte, die eine gewisse Unsicherheit in die Zeit des Ruhestandes bringen können, doch für welchen Lebensabschnitt gilt das nicht? Vielmehr ist der Ruhestand für Bezieher von Renten und Pensionen die einzig wirklich planbare Lebensphase, die mehr Sicherheit mit sich bringt als alle anderen Abschnitte zuvor. Und auch, wenn es vielleicht nicht so läuft, wie man sich das vorgestellt hat, kann man den Ruhestand aktiv gestalten und ihn zu einer der schönsten Lebensphasen machen. Die Zeiten, in denen sich Menschen über 65 einfach in den Schaukelstuhl gesetzt und auf ihr Lebensende gewartet haben, sind längst vorbei. Aktiv bleiben, Herausforderungen annehmen und meistern sowie das eigene Leben selbstbestimmt gestalten, das sind die wichtigsten Dinge, die man im Ruhestand können sollte. Leider bringt uns das niemand bei. In der Schule und in der Ausbildung geht es immer nur um das Arbeitsleben und nicht darum, was danach kommt.

Dieser Ratgeber soll die Lücke füllen und Ihnen als Handbuch dienen, wie Sie die verschiedenen alten und neuen Herausforderungen aufeinander abstimmen und in Einklang bringen können. Er soll Ihnen Perspektiven aufzeigen, an die Sie vielleicht noch nie gedacht haben und Wege präsentieren, wie Sie Ihre eigenen Vorstellungen am effektivsten umsetzen können. Ich richte mich dabei nicht speziell an Männer oder Frauen, sondern beziehe ganz bewusst alle Geschlechter ein. Meiner Ansicht nach gibt es keine rein männlichen oder weiblichen Betätigungen, die nicht auch vom jeweils anderen Geschlecht mit Freude betrieben werden können. Für die Berufswelt gilt das sowieso, denn für viele Ruheständler bedeutet die Zeit nach dem Arbeitsleben der Start in eine neue Erwerbstätigkeit – sei es aus finanzieller Notwendigkeit heraus, aus Spaß an der Freude oder wegen des Drangs, sich endlich mit einem eigenen Projekt selbst zu verwirklichen. In einer Zeit, in der nicht nur die Lebenserwartung steigt, sondern auch das biologische Alter deutlich langsamer voranschreitet als die Zahlen auf dem Kalender, kann man auch nach dem Eintritt in den Ruhestand noch viele Jahre oder sogar Jahrzehnte aktiv bleiben. Das oft bemühte Lied von Udo Jürgens „Mit 66 Jahren“ (1977) hatte nie so viel Berechtigung wie heute, denn mit 66 Jahren sind die meisten Menschen mittlerweile genauso aktiv wie die Generation der 50-Jährigen vor 30 oder 40 Jahren.

Machen Sie also etwas aus Ihrem Ruhestand und starten Sie in das Projekt Ihres Lebens – so viel Freiheit hatten Sie vermutlich noch nie.

Endlich im Ruhestand – jetzt kann es losgehen!

Der Tag ist da. Seit Jahrzehnten hat man ihn erwartet, zuletzt vermutlich herbeigesehnt. Allerdings geht das bei dem Gedanken an den Ruhestand nicht jedem so. Viele sehen ihr bisheriges Arbeitsleben als Daseinszweck und können sich ein arbeitsloses Leben im wahrsten Sinne des Wortes nicht vorstellen. Gar nicht mal so sehr aus finanziellen Erwägungen heraus, sondern einfach deshalb, weil sie fürchten, sich dann überflüssig und nutzlos zu fühlen. Um genau diesem Gefühl vorzubeugen, haben wir uns im ersten Teil dieses Ratgebers eingehend damit beschäftigt, was man zur Vorbereitung auf den Tag X alles bedenken und einleiten sollte. Haben Sie das versäumt und befinden sich bereits im Ruhestand, ist auch das kein Grund zur Panik, denn es gilt eigentlich immer der berühmte Spruch: „Es ist nie zu spät." Oder zumindest fast nie. Einfacher ist es jedoch, sich möglichst frühzeitig auf die neue Situation vorzubereiten.

Eins vorweg: Beim Militär gilt, dass kein Plan den ersten Feindkontakt übersteht. Und so ist das auch mit allen noch so detaillierten Plänen, die man für den Ruhestand haben mag. Die persönliche Situation ist letztendlich immer eine andere, als man zu Beginn der Planung angenommen hat. So ist nun mal das Leben – wir haben keine Kontrolle über alle Faktoren. Wir hatten sie nie und werden sie nie haben. Das war jedoch auch vor dem Ruhestand nicht anders. Überlegen Sie mal: Ist Ihr Leben tatsächlich genauso verlaufen, wie Sie es sich als Kind erdacht haben? Ist von den beruflichen und privaten Planungen des frühen Erwachsenenlebens alles so eingetreten, wie das von Ihnen vorgesehen war? Falls ja, gehören Sie zu einer absoluten Ausnahmegruppe, denn kaum ein Mensch wird nicht vom Leben überrascht, während es stattfindet. Wird die genaue Planung deswegen überflüssig? Nein. Denn selbst, wenn es anders kommt oder man einen bestimmten Plan nie brauchen wird, ist es gut, auf möglichst viele Eventualitäten vorbereitet zu sein. Aus diesem Grund schließen wir schließlich auch Lebensversicherungen ab. Wüssten wir genau wie es kommt, müssten wir uns um die Zukunft nicht mehr sorgen.

Jetzt aber genug mit den düsteren Gedanken. Der Ruhestand ist da und wir können ihn nicht mehr ignorieren oder uns fortwünschen. Er geht nicht mehr weg, egal, was Sie tun. Aber Sie können ihn gestalten und in die Form bringen, die Ihnen gefällt – und nicht umgekehrt. Ein bisschen ist es wie am ersten Schultag. Neugierig, voller Erwartungen und Hoffnungen, von denen viele sicher enttäuscht werden und andere sich erfüllen, geht man die ersten Schritte in einen neuen Lebensabschnitt. Ungewohnt ist nur, dass man vermutlich zum ersten Mal im Leben keine Vorgaben von außen mehr bekommt, was man zu tun hat, wann man aufstehen muss und wie viel Zeit man für eine bestimmte Tätigkeit zu opfern hat. Wenn Sie sich das bewusstmachen, wird Ihnen klar werden, welche grandiosen Möglichkeiten und Freiheiten der Ruhestand bietet. Zwei Dinge gibt es jedoch, die dem Genuss dieser Freiheit entgegenstehen können: unerledigte Dinge, die an der eigenen Seele und vielleicht sogar dem Gewissen nagen; sowie der innere Schweinehund, der verhindern will, die notwendigen Schritte zu unternehmen. Daher widmen wir uns zunächst diesen beiden Grundproblemen, die dem perfekten Ruhestand vieler Menschen im Wege stehen.

Der Ruhestand naht – Vorbereitung auf das Unvermeidliche

Diese Überschrift klingt etwas bedrohlich. Aber ist es nicht tatsächlich so, dass viele Arbeitnehmer und Selbstständige den Ruhestand fürchten – ähnlich „wie der Teufel das Weihwasser“? Es geht dabei nicht einmal immer nur um das Geld. Dass viele Ältere in Zukunft mit weniger Rente auskommen müssen als früher, ist ein gesellschaftliches Problem, das man nicht leugnen kann. Tatsächlich sind jedoch die meisten Ruheständler finanziell gar nicht so schlecht gestellt. Für die Mehrheit ist das Thema Ruhestand eher die Furcht vor dem Nichtstun, nicht mehr gebraucht zu werden und sich, im wahrsten Sinne des Wortes, zu Tode zu langweilen. Daher verdrängen viele den Gedanken an ihren Ruhestand und lassen ihn auf sich zukommen – nur, um dann, wie aus heiterem Himmel, davon überrascht zu werden, wenn es endlich so weit ist.

Deswegen setze ich mit meinem Ratgeber nicht genau am Stichtag des Ruhestands an, sondern schon vorher. Je früher man sich Gedanken um den Ruhestand macht, umso gelassener lässt man ihn auf sich zukommen oder freut sich sogar darauf. Denn wenn man einmal genau überlegt, markiert der Ruhestand nicht den Übergang in eine tiefe Ohnmacht oder in einen gesellschaftlichen Gefrierzustand, sondern ist vor allem der Beginn einer umfassenden Freiheit und Selbstbestimmung. Wann konnten Sie das letzte Mal wirklich frei über Ihre Zeit entscheiden? Vermutlich als Kind – und selbst da kamen Vorgaben von den Eltern, der Schule und anderen Autoritäten, an die man sich zu halten hatte. Selbst im Urlaub können die meisten Menschen während des Arbeitslebens nicht alles frei entscheiden. Schon die Abstimmung mit den Kollegen darüber, wer zu welcher Zeit Urlaub nehmen kann oder die Rücksichtnahme auf schulpflichtige Kinder, hat so manchem ambitionierten Reiseplan einen Strich durch die Rechnung gemacht. Doch im Ruhestand kann man sich ganz und gar auf die eigene Zeitplanung konzentrieren. Begrenzt werden die Pläne allenfalls von zwei Dingen: von der finanziellen Machbarkeit und eventuellen familiären bzw. sozialen Verpflichtungen.

Freiheit sollte nicht auf Kosten anderer gelebt werden

Es gibt natürlich immer Menschen, die keinerlei private und familiäre Verpflichtungen haben, weil sie alleinstehend sind oder außer dem Partner bzw. der Partnerin niemand da ist, auf den man Rücksicht nehmen muss. Anders sieht das aus, wenn man eine große Familie mit Enkelkindern hat, auf die man hin und wieder aufpassen muss (und möchte). Auch andere Faktoren können den Grad an Freiheit begrenzen. Muss man sich beispielsweise um die Pflege von Angehörigen kümmern (was gerade im Alter keine Seltenheit ist), sollte dies immer in die Planung einbezogen werden. Doch auch dann ergeben sich im Ruhestand eher mehr als weniger Freiheiten, denn, wenn man den Faktor Arbeitsstelle nicht mehr einbeziehen muss, gewinnt man bereits sehr viel Zeit und Flexibilität. Wie auch immer sich die individuelle Situation nun gestaltet; sofern man keine Gründe hat, die eigene Familie vor den Kopf zu stoßen und die Beziehungen abrupt abzubrechen, sollte man bei aller Freiheit und dem Drang, die eigene Persönlichkeit zu entfalten, ebenso Rücksicht auf andere nehmen. Das bedeutet nicht, sich selbst voll und ganz den Bedürfnissen der anderen zu opfern und die eigenen Pläne wieder einmal hintenanzustellen, aber man sollte schon einen Mittelweg finden, der allen Ansprüchen und Situationen gerecht wird. Nur, weil man im Ruhestand ist und plötzlich mehr Freizeit zur Verfügung hat, muss man sich nicht ausnutzen lassen. Sie haben lange und hart für Ihren Ruhestand gearbeitet und müssen sich keine Vorwürfe machen lassen, diese Zeit nun auch genießen zu wollen.

Aber jetzt kommt das Beste: Sehr oft lassen sich Ruhestand und der neue Lebensplan mit den Hilfestellungen für andere verbinden. Gerade dann, wenn es weniger um Geld, sondern um die Sinnfindung bzw. Erhaltung des Daseinszwecks geht, der für viele Ruheständler eine wichtige Triebfeder ist, lassen sich familiäre Verpflichtungen gut integrieren. So kann man beispielsweise nicht nur den eigenen Enkelkindern Klavierunterricht oder Hausaufgabenhilfe geben, sondern das auch für andere Kinder organisieren, die vielleicht keine Großeltern haben. Je nachdem, wo die eigenen Vorlieben und Fähigkeiten liegen, lässt sich fast immer eine sinnvolle Tätigkeit finden, die anderen hilft und den eigenen Vorstellungen entspricht. Trotzdem muss nicht jeder Ruheständler die große soziale Ader für sich entdecken und sein Leben ausschließlich dem Wohl anderer widmen. Wichtig ist, genau das zu tun, was man tun möchte – und nicht das, was andere erwarten.

Rechtzeitig vorgesorgt?

Kaum etwas sorgt für so viel Diskussionsstoff wie die Rente. Schon in den 80er Jahren verkündete der damalige Arbeits- und Sozialminister Norbert Blüm, dass die Rente sicher sei. Und obwohl er dafür in den folgenden Jahren und Jahrzehnten recht viel Spott erntete, ist das Rentensystem trotz aller Herausforderungen

nach wie vor sicher – zumindest für die aktuelle Generation der Rentner. Wie sich das Umlagesystem angesichts der sich verändernden Demografie in Zukunft bewähren wird, ist eine wichtige Frage, die wir allerdings im Rahmen dieses Ratgebers nicht lösen werden. Für Sie als angehender Ruheständler ist das auch nur von sekundärer Bedeutung. Wenn Sie dieses Buch lesen, ist die Wahrscheinlichkeit hoch, dass Sie bereits im Ruhestand sind oder in absehbarer Zeit aus dem Arbeitsleben ausscheiden werden. Insofern müssen Sie sich nicht mehr darum sorgen, ob die Rente auch in fünfzig Jahren noch sicher ist. Das ist eher etwas für die Generation Ihrer Kinder und Enkelkinder (sofern vorhanden). Doch es soll nicht bedeuten, dass einem das als älterer Mensch nur deshalb egal sein sollte, weil es einen nicht mehr betrifft, denn das wäre eine egoistische und wenig solidarische Einstellung. Es spielt nur für diesen Ratgeber keine Rolle.
Allerdings gilt es schon heute, sich rechtzeitig auf den Ruhestand vorzubereiten. Falls Sie dieses Buch also in weiser Voraussicht schon einige Zeit vor dem eigentlichen Eintritt des Rentenbezugs gekauft haben, möchte ich einige Überlegungen anstellen, die eigentlich jeder Erwerbstätige vor Augen haben sollte.

Private Vorsorge – weil man auf einem Bein schlecht stehen kann

Die Politik und die Versicherungswirtschaft werden nicht müde, uns zu erklären, dass wir auch privat vorsorgen müssen, weil die gesetzliche Rente immer seltener die Lebenshaltungskosten und Zusatzbelastungen abdecken kann. Nun macht es wenig Sinn, sich im Alter von 60 Jahren noch mit dem Abschluss einer Zusatzrente zu befassen, da dies einfach zu spät ist, um noch nennenswerte

Beträge anzusparen. Versicherungen für eine Zusatzrente sollte man nach Möglichkeit spätestens mit 40 Jahren abschließen, weil die Monatsbelastung umso geringer wird, je früher man damit anfängt. Wenn dieser Rat für Sie zu spät kommt, nützt er Ihnen nicht viel. Aber gerade in Partnerschaften, in denen oftmals einer wesentlich älter ist als der andere, kann es Sinn machen, dass der jüngere Lebenspartner bei der Altersvorsorge noch etwas drauflegt. Nun ist es aber längst nicht so, dass jeder Rentner am Existenzminimum operiert. Tatsächlich beziehen viele Arbeitnehmer nach langjähriger Betriebszugehörigkeit eine zusätzliche Betriebsrente oder haben weitere Einkünfte, etwa aus Vermietungen oder anderen Einnahmequellen. Selbstständige und Freiberufler denken jedoch oft nicht rechtzeitig an ihre Altersvorsorge und bekommen keine oder nur eine geringe gesetzliche Rente ausgezahlt. Hier hilft einzig und allein eine private Vorsorge. Wenn es knapp wird, gibt es ebenso häufig Möglichkeiten, Zuschüsse zu beantragen. Das Wohngeld oder die Grundsicherung können wichtige Ergänzungen sein, die Voraussetzungen hängen allerdings stark von der individuellen Situation ab, weswegen sich das nicht ohne Weiteres pauschalisieren lässt. Selbst die Aufstockung über die Sozialhilfe bzw. Hartz IV sollte man ins Auge fassen. Viele Ruheständler verzichten auf solche Ansprüche, weil ihr Stolz es nicht zulässt, vermeintliche Almosen anzunehmen. Aber: Wenn Sie einen Anspruch auf eine Sozialleistung haben, dann müssen Sie sich dafür nicht entschuldigen und sollten diese auch in Anspruch nehmen. Insbesondere, wenn Sie ein Leben lang hart dafür gearbeitet und hohe Sozialversicherungsbeiträge gezahlt haben, hat das mit Almosen nichts zu tun. Wer gesund und aktiv ist, kann das Nützliche jedoch auch mit dem Angenehmen verbinden. Vielleicht ist die finanzielle Situation der Anlass, sich im Ruhestand nochmals an einer eigenen Selbstständigkeit zu versuchen, von der man immer geträumt hat, sie aber nie umsetzen konnte, weil man durch Familie und Job weder Zeit noch Gelegenheit dazu hatte. Selbst ohne Startkapital lassen sich heutzutage viele Geschäftsideen verwirklichen – das Internet macht vieles möglich, was früher nicht denkbar war.

Mit Wohneigentum hat man im Ruhestand große Vorteile

Die meisten Menschen bauen oder kaufen Wohneigentum, wenn sie für die eigene Familie das klassische Häuschen im Grünen realisieren möchten. Da in Deutschland der Hausbau, verglichen mit anderen Ländern, extrem teuer ist, stellt ein solches Vorhaben in der Regel die größte Einzelinvestition im Leben dar. Entsprechend langfristig wird geplant. Das Haus soll genug Platz für Kinder bieten, einen Garten haben und darüber hinaus allen Anforderungen des modernen Lebens entsprechen. Manchmal wird auch noch eine Einliegerwohnung für Oma und Opa eingeplant, falls diese irgendwann pflegebedürftig werden oder ihre eigene Wohnung nicht mehr nutzen können. In der Realität sieht es meist so aus, dass zwanzig Jahre später die Kinder aus dem Haus sind und die Eltern bzw. Großeltern nicht mehr leben. Kommt man nun selbst in das Alter für den Ruhestand, stellen sich zwei Fragen:

- Ist das Haus nicht zu groß für uns alleine?
- Können wir hier wirklich auch noch im Alter wohnen?

Die Frage, ob ein Haus oder eine Wohnung zu groß ist, fand ich schon immer etwas übertrieben. Wie oft stellt man diese Frage, wenn Oma oder Opa nach dem Tod des jeweils anderen alleine zurückbleiben

– doch warum eigentlich? Natürlich kann es vorkommen, dass Hinterbliebene es nicht ertragen, in einer Wohnung voller gemeinsamer Erinnerungen wohnen zu bleiben. Aber jemanden dann in einer winzigen Wohnung unterzubringen, wohin ein Großteil der eigenen Möbel und wertvollen Erinnerungen nicht mitgenommen werden können, nur um das schlechte Gewissen wegen der vermeintlichen Platzverschwendung zu beruhigen, ist nicht wirklich sinnvoll, zumal die Kosten für den Umzug und die Anmietung neuer Räumlichkeiten den Aufwand oft nicht rechtfertigen. Ist ein Haus oder eine Wohnung wirklich zu groß, um von der Einzelperson in Ordnung gehalten zu werden, würde ich persönlich eher überlegen, einen netten Untermieter ins Haus zu holen, der oder die sich nebenbei um den Garten, das Putzen des Treppenhauses oder das Räumen der Gehwege im Winter kümmert. Einen alten Baum zu entwurzeln und zu verpflanzen, gelingt nur in den seltensten Fällen.
Merke: Alt zu sein bedeutet nicht, sich automatisch einschränken zu müssen, nur, weil die anderen das so erwarten. Auch umgekehrt sollte man im Ruhestand keine überzogenen Ansprüche an andere haben. Oftmals stellen Oma oder Opa sich das so vor, dass die Kinder oder Enkel doch jetzt, wo ein Großteil des Hauses leer steht, prima mit einziehen können. Manchmal mag das eine gute Idee sein, weil die Räumlichkeiten sich bestens aufteilen lassen und auch sonst alles passt. Im Regelfall haben Kinder und Enkel aber bereits eigene Vorstellungen und Pläne – und bei aller Liebe möchten diese vielleicht nicht direkt mit den Alten zusammenleben. Wenn das so ist, sollte man nicht gekränkt oder beleidigt sein. Hätte man denn selbst früher mit der jungen Familie bei den eigenen Eltern wohnen wollen? Ebenso wenig möchte man, dass die Jungen die Älteren unter Druck setzen, das große Haus zu räumen, damit das Enkelkind nach dem Abi dort einziehen kann. Es muss also immer für beide Seiten passen.

Und auch das gibt es natürlich: Familien, die sich in einem großen Haus bestens vertragen und in einer Art Generationen-WG voneinander profitieren. Die Jungen finden unkompliziert einen Babysitter im eigenen Haus, während die Alten sicher sein können, im Bedarfsfall ebenfalls nicht ohne Hilfe zu bleiben. Hierfür muss übrigens nicht immer die eigene Familie die beste Wahl sein. Wer keine Angehörigen hat oder einfach nicht mit ihnen zusammenleben möchte, kann sich durchaus auch nach einer neuen „Familie" umsehen – viele Menschen sind inzwischen von der Idee des Generationenhauses begeistert. Letztlich muss es für alle Beteiligten die perfekte Lösung sein und darf für keinen einen faulen Kompromiss darstellen. Dafür sind die Jahre des Ruhestands einfach zu wertvoll.

Barrierefreiheit gehört zur Vorbereitung auf den Ruhestand

Nicht immer ist das Ableben des Partners der Grund für einen Ortswechsel. Viel häufiger scheitert der ursprünglich geplante Verbleib in der eigenen Wohnung bis ans Lebensende schlicht und einfach an der mangelnden Barrierefreiheit. Wer als gesunder Mensch in den mittleren Jahren ein Haus konzipiert oder eine Wohnung aussucht, denkt nur selten an die Möglichkeit, dass man im Alter Probleme mit der Treppe oder der Steigung an der Eingangstür bekommen könnte. Auch der Einstieg in die Badewanne oder der Toilettengang sowie die täglichen Aktivitäten in der Küche können von heute auf morgen zu unüberwindbaren Hindernissen werden. Obwohl solche körperlichen Einschränkungen durch Unfall oder Krankheit in jedem Lebensalter eintreten können, ist die Wahrscheinlichkeit dafür bei Ruheständlern naturgemäß

größer – einfach deshalb, weil sie älter sind. Nun lässt sich leider nicht jedes Haus einfach mit einem Treppenlift nachrüsten oder in anderer Weise modifizieren, zumal solche Maßnahmen, trotz eventueller staatlicher Förderungen oder durch die Krankenversicherung, immer mit hohen Kosten verbunden sind. Viel besser ist es daher, die Barrierefreiheit schon bei der Bauplanung zu berücksichtigen, auch wenn man selbst (noch) gar nicht darauf angewiesen ist. Wenn man beabsichtigt, in den eigenen vier Wänden alt zu werden und dort so lange wie möglich zu bleiben, ist diese Voraussicht wirklich wichtig, denn tatsächlich müssen die meisten Menschen nur deshalb in ein Pflegeheim, weil sie mit den Alltagsherausforderungen aufgrund baulicher Gegebenheiten nicht mehr alleine zurechtkommen. Selbstständigkeit und Selbstbestimmung sind nicht nur im Ruhestand bedeutsam, beides definiert uns als Individuen und ermöglicht erst die freie Entfaltung unserer Persönlichkeit. Die moderne Technik bietet hierbei zudem ganz neue Möglichkeiten. Denken Sie nur an Sprachassistenten, mit denen man beispielsweise das Licht oder die Heizung per Stimmbefehl steuern kann. Deswegen ist es von zentraler Bedeutung, auch und gerade im Ruhestand den Anschluss an die Technologie nicht zu verlieren.
Doch darauf gehe ich später noch etwas ausführlicher ein.

Nahtloser Übergang in den Ruhestand

Viele machen sich überhaupt keine Gedanken darüber, wie sich ihr Leben mit dem Beginn des Ruhestands ändern wird. Freilich muss man nicht mehr jeden Tag zur Arbeit, kann seine Zeit frei einteilen und sich endlich den Dingen widmen, die man schon immer tun wollte. Aber der Mensch ist ein Gewohnheitstier und wenn

Sie zwanzig, dreißig oder gar vierzig Jahre in derselben Firma tätig waren und der Tagesablauf allenfalls vom Wochenende oder dem Jahresurlaub unterbrochen wurde, ist eine solche Umstellung gar nicht so einfach. Daher sollte man sich schon vorher darüber Gedanken machen, wie man seinen Alltag künftig gestalten möchte. Bitte verstehen Sie das nicht falsch: Natürlich ist es vollkommen in Ordnung, ein paar Tage oder auch Wochen ins Blaue hinein zu leben, völlig ohne Stress und Tagesplanung. Wie im Urlaub eben auch, da möchte man die ersten Tage einfach nur ausschlafen und sich erholen. Aber wer möchte schon monatelang im Liegestuhl hängen und gar nichts tun? Irgendwann wird das einfach nur langweilig und wer dann keinen Plan hat, wie er seinen Alltag strukturiert, gerät irgendwann in einen Trott, aus dem man nur noch schwer wieder herauskommt. Dieser Trott bedeutet, dass kaum noch Aktivitäten anstehen und außer für notwendige Besorgungen das Haus so gut wie nicht mehr verlassen wird. Der Fernseher und die Couch ersetzen den strukturierten Tag und dann ist es nicht mehr weit zum sogenannten „Versumpfen". Die Körperpflege wird vernachlässigt, Haushaltsarbeiten werden auf das absolute Minimum reduziert und vieles andere mehr. Am Ende steht nicht selten eine handfeste Depression, weil natürlich auch die sozialen Kontakte darunter leiden. Man desozialisiert im wahrsten Sinne des Wortes und wird zum Inbegriff des trägen Rentners, der man nie sein wollte.

Nun mag das eine extreme Ausprägung sein, aber sie kommt häufiger vor als man denkt. Wenn man alleinstehend in den Ruhestand geht oder den Partner bzw. die Partnerin kurz zuvor verloren hat, ist es besonders schwierig, sich wieder zur Teilnahme am Leben zu motivieren. In einer Gesellschaft, in der Arbeit als Lebenszweck begriffen wird, sind Menschen im Ruhestand oft ausgegrenzt.

Damit man nicht in diese Abwärtsspirale der Desozialisierung gezogen wird, sollte der Ruhestand also zumindest in groben Zügen geplant werden. Das bedeutet nicht, dass Sie unbedingt Stundenpläne erstellen müssen, nach denen Sie Frühstück, Mittagessen, Einkaufen, Kirchgang und Fernsehzeit einteilen. Tatsächlich kann eine solche Struktur helfen, sich zu motivieren, aber bei allen Vorteilen der Selbstdisziplinierung durch Pläne kann das auch das Gegenteil bewirken. Hält man sich nämlich sklavisch an die Vorgaben des eigenen Plans und gestattet sich keine Flexibilität, droht die Unfähigkeit, spontan zu agieren und das Leben zu genießen. Ein Beispiel: Planen Sie etwa jeden Tag um 14 Uhr einen Mittagsschlaf ein, werden Sie sich niemals um 13.30 Uhr mit jemandem zum Mittagessen oder Spaziergang verabreden. Begreifen Sie die Struktur also nicht als unverrückbares Naturgesetz, sondern als Hilfe, den Alltag sinnvoll zu gestalten. Der Fokus sollte dabei auf „sinnvoll" liegen, denn stumpfsinnige Beschäftigungstherapien sind ebenso wenig zielführend wie übertriebener Aktionismus. Daher mein Rat: Planen Sie Ihren Ruhestand schon im Voraus, damit Sie wissen, wie es bei Ihnen weitergeht. Genießen Sie die Ruhe, lassen Sie auch mal die Füße baumeln, aber lassen Sie nicht zu, dass Ihr Leben einfach auf Sparflamme läuft, nur weil Sie nicht mehr zur Arbeit gehen. Im Gegenteil: Nie zuvor hatten Sie so viel persönliche Freiheit und Kontrolle über Ihre eigene Zeit! Nutzen Sie das und genießen Sie es nach Ihren eigenen Vorstellungen. Sie müssen auch keinen fertigen Plan mit allen Details in der Schublade haben. Aber manche Dinge kann man schon vorbereiten, damit es im Ruhestand dann nahtlos weitergehen kann. Haben Sie beispielsweise vor, endlich ein lang ersehntes Hobby anzugehen oder sich mit einer Leidenschaft professionell selbstständig zu machen, gibt es keinen Grund, noch mehr Zeit zu verlieren. Viele Formalitäten und andere Dinge kann man bereits im Vorfeld organisieren. Möchten Sie einen Laden eröffnen oder auf Weltreise gehen? Dann halten Sie schon vorher Ausschau nach geeigneten Ladenlokalen oder einem günstigen Angebot für die Reise, die Sie schon immer machen wollten. Im Ruhestand ist man in einem Alter, in dem man nichts mehr vor sich herschieben sollte. Trotzdem besteht kein Grund zu überstürzten Handlungen, wenn man nicht gerade eine schlimme Diagnose vom Arzt bekommt, die der überschaubaren Lebenszeit eine enge Grenze setzt. Doch selbst dann lassen sich noch viele Dinge verwirklichen. Die vorhandene Zeit sinnvoll zu nutzen ist die eigentliche Kunst, um die es geht. Und da keiner von uns weiß, wie viel Zeit noch verbleibt, sollten wir diese auch keinesfalls vergeuden.

Die Bucket List: Was Sie unbedingt noch tun möchten

Vielleicht kennen Sie den englischen Begriff „Bucket List“ nicht. Übersetzt bedeutet er „Löffelliste“ und bezeichnet eine Reihe von Dingen, die man unbedingt noch tun möchte, bevor man zu alt dafür ist beziehungsweise „den Löffel abgibt“.
Hat man keinen konkreten Anlass dazu, diese Bucket List zu erstellen (beispielsweise aufgrund einer tödlichen Krankheit), macht es trotzdem Sinn, eine Reihe von Dingen aufzuschreiben, die man unbedingt einmal im Leben getan oder gesehen haben möchte. Das kann die Reise zum Grand Canyon sein oder ein Dinner im besten Restaurant von Tokio, aber auch der Fallschirmsprung, den heutzutage dank der Tandem-Technologie selbst 100-Jährige noch bewältigen können. Egal, wie extravagant und verrückt es zunächst klingen mag, schreiben Sie einfach alles auf, was Sie einmal machen wollten, aber nie Zeit, Mut, Gelegenheit oder auch

Geld dazu hatten, um es wirklich zu tun. Anschließend streichen Sie alles, was mehr oder weniger unmöglich ist. Haben Sie beispielsweise keine 10 Millionen Dollar auf dem Konto, werden Sie mit dem Traum, Astronaut zu werden, nicht weiterkommen. Aber vielleicht können Sie die nächstliegende Idee umsetzen: zum Beispiel eine Reise zu den Monumenten der Raumfahrttechnik in den USA. Florida, Alabama, das Smithsonian Museum in Washington, D.C. – es gibt sogar Veranstalter, die sogenannte Space Camps anbieten. Ursprünglich für Kinder gedacht, die mit einem der NASA nachempfundenen Training eine kleine Astronauten-Ausbildung durchlaufen, gibt es so etwas längst auch für Erwachsene. Manchmal stehen die Gesundheit bzw. Einschränkungen der körperlichen Leistungsfähigkeit der Umsetzung auf den ersten Blick entgegen. Wenn man aber weiß, dass selbst Rollstuhlfahrer heutzutage Berggipfel erklimmen können und Fernreisen auch für Schwerbehinderte machbar sind, wenn sie sorgfältig geplant werden, gibt es nur wenige Gründe, um ambitionierte Einträge auf der Bucket List zu streichen. Damit die Liste nicht zu lang wird, sollte sie allerdings tatsächlich vor allem besondere Dinge enthalten, die man in der Regel nur einmal im Leben tut. Vielleicht werden Sie nicht alle Ziele erreichen oder umsetzen können. Das macht nichts. Kaum ein Mensch schafft es, wirklich alles zu tun, was er sich vorgenommen hat. Die Motivation, ein Ziel zu erreichen, ist jedoch entscheidend dafür, sich körperlich und geistig auf Trab zu halten, obwohl der Ruhestand die gewohnten Strukturen stark verändert. Je früher Sie mit der Liste beginnen, desto größer ist die Wahrscheinlichkeit, die Einträge abarbeiten zu können. Die Reihenfolge ist dabei nicht entscheidend, denn die Prioritäten legen ganz allein Sie fest. Schließlich wissen nur Sie, was wirklich wichtig für Sie ist.

Mit dem Brainstorming für die Bucket List kann man übrigens

nicht früh genug beginnen. Wenn Sie schon als Kind einen bestimmten Traum hatten, den Sie noch umsetzen möchten, gehört dieser ebenso auf die Liste wie eine spontane Idee, die Ihnen erst heute Morgen beim Frühstück gekommen ist. Wichtig ist nur, dass die Vorhaben für Sie persönlich eine Bereicherung darstellen und einen Wunsch erfüllen, den man sonst vielleicht nie verwirklicht hätte.

Jetzt wird es ernst mit dem Un-Ruhestand

Unfinished Business – warum wir keine wichtigen Konflikte ungelöst lassen sollten

In einem langen Leben bleibt es nicht aus, dass man in Konflikte mit anderen Menschen gerät. In den meisten Fällen sind diese Konflikte belanglos und verlieren mit der Zeit völlig an Bedeutung, weil der aktuelle Anlass dafür längst nicht mehr besteht. Dies ist beispielsweise bei den meisten Problemen im Arbeitsleben der Fall. Was kümmert Sie heute noch, dass Sie als Lehrling von einem Buchhalter beschimpft wurden, weil Sie einen Aktenordner falsch beschriftet haben? Der Buchhalter ist vermutlich längst verstorben und die Akten geschreddert – verlieren Sie also keine Zeit damit, sich über solche Dinge Gedanken zu machen.

Anders sieht es aus, wenn Ihnen im Job jahrelang andere auf der Nase herumgetanzt haben. Vielleicht wurden Sie sogar gemobbt und haben immer alles akzeptiert, um des lieben Friedens willen oder weil Sie den Job nicht gefährden wollten. Aber wenn Sie jemandem aus dem Berufsleben (vielleicht sogar Ihrem Chef) noch nie die Meinung gesagt haben, Sie davon aber selbst in Ihren Träumen verfolgt werden, sollten Sie kurz vor – oder vielleicht auch kurz nach – dem Eintritt in den Ruhestand die Gelegenheit ergreifen und reinen Tisch machen. Die meisten Arbeitskollegen sieht man im Ruhestand ohnehin nie wieder. Und selbst wenn man Sie anschließend für einen Quertreiber oder Miesmacher hält, wen kümmert es? Hauptsache, es belastet Ihre Seele und Ihr Gemüt nicht länger. Solch negativer Stress kann krankmachen

und es ist schlimm genug, wenn man alles bis zum Ruhestand klaglos ertragen hat. Natürlich gehört auch etwas Fingerspitzengefühl dazu. Beleidigen Sie niemanden und bleiben Sie sachlich bei den Fakten. Sie stehen zwar nicht vor Gericht, aber alles, was sich nicht beweisen lässt, sollte man nur mit Vorsicht vor Zeugen äußern, denn manch einer fühlt sich schnell verleumdet. Auch private Geheimnisse und Indiskretionen haben in einer solchen „Abrechnung" nichts verloren. Begeben Sie sich nicht auf das Niveau der anderen, sondern sagen Sie einfach klar und pointiert Ihre Meinung, damit alle auch mal Ihre Sicht der Dinge gehört haben. Für mögliches Fehlverhalten anderen gegenüber zählen übrigens auch Entschuldigungen von Ihrer Seite aus, denn wer war in den letzten Jahren oder Jahrzehnten schon jeden Tag immer gut gelaunt und fehlerfrei?
Anschließend können Sie das alles von Ihrer Bucket List streichen. Sie wären überrascht, wie oft sich dort Einträge wie „dem Chef die Meinung sagen" finden - ein Luxus, den eigentlich nur zwei Gruppen von Menschen in Anspruch nehmen können: diejenigen, die ohnehin kündigen, weil sie im Lotto gewonnen haben oder einen neuen Job antreten, sowie Menschen, die in den Ruhestand gehen.

Private Angelegenheiten sind komplizierter zu lösen

Während man solche, rein professionell auf der Geschäftsebene zu handhabenden Probleme mit anderen Menschen relativ simpel erledigen kann, sofern man den Mut dazu hat und die Gelegenheit beim Schopf ergreift, kann es auf privater Ebene komplizierter sein, reinen Tisch zu machen. Hier ist es aber umso wichtiger.

Es ist eines der Problemfelder, bei denen Zeit eine wichtige Rolle spielt. Manchmal braucht es Zeit, um Wunden zu heilen, die im Streit beim jeweils anderen geschlagen wurden. Bei guten Freunden oder Familienangehörigen reicht eine gewisse Zeitspanne oft aus, um zumindest wieder einen normalen Umgang miteinander zu ermöglichen. Aber selbst das schlägt oft fehl, weil die Verletzungen zu tief sitzen oder bestimmte Sachverhalte einfach gegen alle Ihre Prinzipien gehen. Die Versöhnung ist zwar ein hehres Ziel, sollte aber nicht die oberste Priorität haben. Um sich etwas buchstäblich von der Seele zu reden, ist ein Konsens oder die Versöhnung überhaupt nicht erforderlich. In der Hauptsache geht es darum, sich auszusprechen. Auch hier gilt, dass manche Dinge nicht der Rede wert sind. Was kümmert es Sie heute noch, wenn Ihr großer Bruder als Kind einmal ein Bonbon aus Ihrem Vorrat entwendet hat, auch wenn Sie diese kleine Gemeinheit nie vergessen konnten? Andere Dinge hingegen kann man nicht vergessen – und manchmal auch nicht verzeihen. Wurden Sie beispielsweise von einem alkoholkranken Vater misshandelt, erwartet sicher niemand von Ihnen, dass Sie sich großherzig annähern und wieder versöhnen. Für Ihren Seelenfrieden kann es allerdings wichtig sein, sich mit Menschen, mit denen Sie in Konflikt stehen, ein für alle Mal auszusprechen. Dabei ist nicht wichtig, ob derjenige dann irgendetwas darauf antwortet oder wie diese Antwort ausfällt. Wichtig ist, dass Sie alles gesagt haben, was Sie immer zu diesem Thema sagen wollten, und es auch an die richtige Adresse gerichtet haben.

Und hier kommen wir an einen wichtigen Punkt, der vor allem Ruheständler betrifft. Ab einem bestimmten Alter nimmt die Zahl der Verwandten, Freunde und Bekannten rapide ab, weil einer nach dem anderen verstirbt. Je älter man wird, desto mehr Beerdigungen erlebt man mit. Diese traurige Tatsache gilt natürlich auch für

Menschen, die man nicht mag, die man vielleicht sogar regelrecht hasst und deren Schicksal einem ansonsten egal ist. Aber: Hat diejenige Person erst einmal für immer die Augen geschlossen, gibt es keine Gelegenheit mehr, das Unfinished Business zu klären. Sie können natürlich immer noch Ihre Gedanken formulieren und in Briefen an einen Toten aufschreiben, vielleicht auch gegen einen Grabstein schreien oder einen Psychologen damit erfreuen, was in vielen Fällen sogar hilft. Aber etwas ins Reine bringen können wir eigentlich nur dann, wenn das, was wir sagen wollen, auch von der betreffenden Person gehört wird.

Daher mein Rat: Schieben Sie das nicht auf die lange Bank. Insbesondere bei den eigenen Eltern, Geschwistern und nahen Freunden kann es für den Rest des Lebens belastend sein, wenn man diese Gelegenheit versäumt. Oftmals geht es ja nicht einmal um Schuldzuweisungen, sondern um das Aufklären von Missverständnissen oder auch um Entschuldigungen – denn Sie waren sicher auch nicht immer ohne Fehl und Tadel im Umgang mit anderen, oder? Der Fehler ist, dass die meisten sich eine Aussprache zwar immer fest vornehmen, aber automatisch erwarten, dass dafür schon noch genug Zeit sein würde. Dabei braucht es oft nur wenige Minuten, um das Wesentliche loszuwerden – Minuten, die über die Zufriedenheit des restlichen Lebens maßgeblich mitbestimmen können. Am schönsten ist es natürlich, wenn man auf diese Weise nicht nur seinen seelischen Ballast endlich abwerfen kann, sondern dabei vielleicht sogar tatsächlich eine Versöhnung herausspringt. Wie sehr ärgern Sie sich, wenn Sie sich dann überlegen, dass diese Versöhnung vielleicht schon vor Jahren oder Jahrzehnten hätte stattfinden können? Stellen Sie sich nun vor, dass die Versöhnung verpasst wurde, weil die andere Person plötzlich nicht mehr lebt oder vielleicht wegen einer Demenz nicht mehr wirklich weiß, wovon die Rede ist?

Deshalb: Machen Sie reinen Tisch und belasten Sie sich nicht mit Dingen aus der Vergangenheit. Sprechen Sie diese aus – und dann lassen Sie es damit auch gut sein. Wenn sich etwas zum Positiven verändert, umso besser. Bleibt diese Änderung aber aus, haben Sie zumindest Ihren Frieden damit gemacht und können den Ruhestand jetzt richtig genießen.

Vergessen Sie alte Freundschaften und Beziehungen nicht

Auch wenn wir uns beim Abschlussfest in der Schule geschworen haben, immer mit unseren Freunden in Kontakt zu bleiben, gelingt das nur in den seltensten Fällen. Selbst wenn es keine Konflikte zu lösen gilt, sorgen berufliche und private Entwicklungen und Veränderungen dafür, dass man oft sogar die besten und ältesten Freunde aus den Augen verliert. Zieht dann noch jemand um (was eher die Regel als die Ausnahme ist) und lässt sich samt Familie in einem anderen Teil Deutschlands oder gar auf einem anderen Kontinent nieder, verliert man zwangsläufig den Kontakt. Schreiben und Anrufen mag man sich vornehmen, aber im Alltag bietet sich selten Gelegenheit dazu.
Im Ruhestand hätte man wieder Zeit, um alte Beziehungen neu zu beleben. Ob bester Freund oder alte Herzdame, bei der man einfach wissen möchte, ob sie immer noch mit dem Versager von früher verheiratet ist oder nicht – diese Menschen wiederzufinden, ist oft die größte Hürde. Denn wer informiert schon den alten Freundeskreis, wenn er das dritte oder vierte Mal umgezogen ist? Die moderne Technik hat in den letzten Jahren sehr viel dazu beigetragen, dass man sich nicht aus den Augen verliert und alte Freunde und Bekannte wiederfindet. Das Zauberwort heißt Social

Network. Ob Facebook, Twitter oder Instagram – fast überall laufen uns früher oder später bekannte Gesichter aus der Vergangenheit über den Weg. Nicht mit jedem tritt man daraufhin wieder (oder vielleicht auch erstmals) in direkten und ausführlichen Kontakt, aber durch das Mitlesen der Postings bekommt man oft einen ganz guten Eindruck davon, wie es im Leben dieser Menschen läuft. Hochzeiten, Kinder und Enkel, aber auch tragische Ereignisse wie der Tod eines alten Schulkameraden, machen in sozialen Netzwerken schnell die Runde. Der Vorteil ist, dass man nicht mit jedem einzeln in Kontakt treten muss, um auf dem Laufenden zu bleiben. Natürlich können Sie auch das tun, wenn Sie jemanden direkt per Messenger oder E-Mail anschreiben. Aber in vielen Fällen hat man gar nicht mehr zu sagen als „Glückwunsch" oder „Mein Mitgefühl"; dazu muss man keine ausschweifenden Telefonate führen, bei denen ohnehin ständig dieselbe Geschichte wiederholt wird. Möchten Sie jedoch unbedingt die Stimme der anderen hören oder sie vielleicht sogar bei einem Videotelefonat sehen, bietet die Technologie heute unglaubliche Möglichkeiten. Bedenkt man, dass diese Leistungen zur Kommunikation oft nur kostenloses Beiwerk sind, wo man früher ein kleines Vermögen für Telefonate investieren musste, ist es sehr viel einfacher geworden, den direkten Kontakt aufrechtzuerhalten.

Ein Beispiel aus meiner eigenen Umgebung verdeutlicht es.

Ein Rentner aus Frankfurt, mit vielen Verwandten in Amerika und Deutschland, hat deutlich intensiveren und engeren Kontakt zu seinen eigentlich „entfernten" Familienangehörigen in den USA als zu denjenigen, die nicht weiter als 40 Kilometer von ihm entfernt wohnen. Und warum? Die Amerikaner sind alle auf Facebook aktiv, die Einheimischen nutzen dies nur vereinzelt. Es ist egal, was man nun von diesen Netzwerken halten mag – im Ruhestand gibt es kaum eine bessere und bequemere Methode, in

Verbindung mit anderen zu bleiben. Und wer weiß: Vielleicht hat Ihr(e) einst Angebetete(r) sich scheiden lassen und steht wieder zur Verfügung? Bleiben Sie neugierig und offen für alte und neue Beziehungen, sei es platonisch oder anderer Art. Denn die Vereinsamung im Ruhestand ist für viele Menschen leider Realität, wenn der eigene Partner gestorben ist, man sich getrennt hat oder als Single alt geworden ist. Letzteres muss übrigens kein gesellschaftlicher Makel sein. Auch das Singledasein hat seine Berechtigung. Unterscheiden muss man nämlich generell zwischen dem Alleinsein und der Einsamkeit – hier besteht ein gewaltiger Unterschied.

Gönnen Sie dem inneren Schweinehund keine Ruhe!

Der innere Schweinehund wird immer dann bemüht, wenn wir schlicht und einfach zu träge und untätig sind, um das zu tun, was wir tun sollten oder sogar wollen. Je ambitionierter das Vorhaben, desto mehr funkt er uns dazwischen. Manches ist nachvollziehbar. Nehmen wir zum Beispiel die regelmäßigen guten Vorsätze zum Jahreswechsel. Fast jeder nimmt sich irgendetwas vor, um den Reset auf dem Kalender zum Neubeginn zu nutzen. Ob privat oder geschäftlich, irgendetwas fällt uns immer ein, sei es die Reduktion von Kalorien, um abzunehmen, eine gesündere Lebensweise mit mehr Bewegung oder das Abgewöhnen von Lastern wie Alkohol oder Zigaretten. Einem gewissen Prozentsatz der Bevölkerung gelingen diese Anläufe auch tatsächlich, bei den meisten bleibt es allerdings nur bei den guten Vorsätzen. Verantwortlich dafür ist in fast allen Fällen der innere Schweinehund – das eigene Unterbewusstsein, das uns immer irgendwelche total plausiblen und dringenden Gründe präsentiert, um etwas aufzuschieben. Was ist schon dabei, wenn wir uns nicht gleich in der ersten Januarwoche im Fitness-Studio anmelden? Und wenn wir die Mitgliedschaft vielleicht zu Weihnachten bekommen haben, bleibt doch das ganze Jahr über Zeit, sie zu nutzen. Muss man damit im kalten, dunklen Januar anfangen? Ach was, im Frühjahr geht das alles viel besser und umso schwungvoller, oder?

Das Frühjahr kommt, der Schweinehund bleibt. Und wieder hindert er uns. Jetzt haben wir gerade so viel im Büro zu tun und die knappe Freizeit muss für echt dringendere Dinge genutzt werden, auch wenn uns spontan gar nichts einfällt. Oder doch - Rasen mähen. Das ist wichtiger. Wobei selbst dann der innere Schweinehund wieder seine Nase in den Wind steckt und meint, das muss jetzt nicht sein, es hat doch gerade geregnet, das feuchte Gras macht nur den Rasenmäher kaputt. Und überhaupt, ob wir diese Woche mähen oder nächste Woche, das ist egal. Spätestens zum Jahresurlaub hin erneuern wir unsere Vorsätze. Im Urlaub, da haben wir mal Zeit für uns selbst, also werden wir uns die ersten zwei, drei Tage richtig ausschlafen und die Füße baumeln lassen, dann aber nach einem strengen Plan trainieren und uns gesund ernähren sowie uns um den Garten und das Haus kümmern. Leider erhebt der Schweinehund erneut Einspruch. Das ist unser Jahresurlaub, den haben wir uns verdient. Lassen wir es mal so richtig krachen - wen stört es? Wir können doch am nächsten Tag ausschlafen und haben endlos Zeit, alles noch zu erledigen. Außerdem ist Fußball-WM, da reicht es eigentlich, sich im Trainingsanzug auf die Couch zu setzen und mitzufiebern. Das ist doch fast schon wie Sport ...

Wenn Sie sich und Ihren persönlichen Schweinehund wiedererkennen, sind Sie in guter Gesellschaft. Natürlich sind Sie pflichtbewusst genug, dass die wirklich wichtigen Dinge, die getan werden müssen, auch tatsächlich getan werden. Aber darum geht es ja nicht. Es geht um die optionalen Dinge, die unser Leben bereichern oder besser machen könnten, die wir nicht unbedingt tun müssen, aber vielleicht tun sollten. Dieses blöde „Tier" in uns zu überwinden, ist eine der schwersten Aufgaben überhaupt. Und das wird umso schwieriger, je öfter man auf den Rat des Faultiers hört. Plötzlich ist der Jahresurlaub vorbei, für die Mitgliedschaft im Fitnessclub lohnt es sich kaum noch, weil im neuen Jahr die Sondertarife und neuen Geräte kommen – also warten wir einfach bis Januar und setzen alles auf die Liste für die guten Vorsätze. Das Muster ist klar: Es ist eine Spirale, die wir durchbrechen müssen, aber auch durchbrechen können - wenn wir es wirklich wollen.

Der Schweinehund im Ruhestand

Was bedeutet das nun für den Ruhestand? Für viele ist der Beginn des Ruhestands dem normalen Urlaub sehr ähnlich. Nach Jahrzehnten der unermüdlichen Arbeit wird auch niemand etwas dagegen sagen, wenn Sie sich die ersten Tage oder gar Wochen wirklich nur entspannen und die Füße hochlegen. Das ist völlig in Ordnung. Es gibt auch andere Persönlichkeitstypen, die mit dem plötzlichen Bruch im Alltagsleben gar nicht klarkommen und sofort wieder aktiv werden müssen. Bei diesen Menschen geht es eher darum, das antrainierte Pflichtbewusstsein gegenüber dem Arbeitsplatz in einen gesunden Egoismus zu verwandeln, um auch mal abschalten zu können.

In beiden Fällen wird der innere Schweinehund dagegen protestieren, denn er ist vor allem eines: ein Gewohnheitstier. Neue Gewohnheiten schleichen sich dabei ebenso schnell ein, wie sich alte Rituale schlecht abtrainieren lassen. Hier kann eine konkrete und strikte Planung des Alltags zumindest in der ersten Zeit hilfreich sein. Machen Sie Pläne! Wenn Sie sich eine angemessene Zeit erholt haben (diese sollte in etwa den Zeitraum eines normalen Urlaubs nicht überschreiten), legen Sie sich am besten einen festen Tagesablauf zu. Stehen Sie möglichst zu ähnlichen Tageszeiten auf, um einen gesunden Rhythmus zu entwickeln. Dabei müssen Sie natürlich nicht wie früher morgens um sechs Uhr aufstehen. Es kann auch acht oder neun Uhr sein – Hauptsache, Sie entwickeln eine gewisse Routine. An diese müssen Sie sich nicht immer und überall sklavisch halten, Sie müssen ja nicht mehr zu einem festen Termin das Haus verlassen. Aber gerade, wenn Sie mit Ihrem Leben noch einiges vorhaben und selbst aktiv sein wollen (oder gar Ihren Erfolg als Jungunternehmer planen), gehört die Selbstdisziplin einfach dazu. Flexibilität darf jedoch nicht vergessen werden, damit das Ganze nicht in unnötigen Stress ausartet. Die richtige Balance zu finden ist essentiell, wenngleich nicht ganz einfach, weil der innere Schweinehund immer einen guten Grund dazwischenrufen wird. Ignorieren Sie ihn und ziehen Sie das durch, was Ihnen Ihr Terminplan vorgibt. Treiben Sie es aber nicht zu weit. Wenn beispielsweise ein alter Freund spontan in der Stadt ist und mit Ihnen ein Bier trinken möchte, sollten Sie ihn nicht nur deshalb abweisen, weil auf Ihrem Plan gerade Rasenmähen steht. Ausnahmen gibt es immer und überall – und solange es Ausnahmen bleiben, gewinnt der Schweinehund auch nicht die Oberhand.

Nutzen Sie die Vorteile moderner Technik

All das sagt sich leicht und Sie finden es mit Sicherheit auch einleuchtend. Aber wie bringt man sich nun dazu, den sorgfältig angefertigten Stundenplan wirklich einzuhalten? Wir müssen unser Unterbewusstsein überlisten und an unser Pflichtgefühl appellieren. Hierbei kann moderne Technik sehr hilfreich sein.
Wir befassen uns noch genauer mit den Möglichkeiten der digitalen Welt, aber auf ein Beispiel möchte ich hier schon eingehen, weil es perfekt für die Überwindung des inneren Schweinehundes geeignet ist:
Ist Ihnen schon einmal aufgefallen, dass viele Menschen heutzutage mit seltsamen kleinen Armbanduhren herumlaufen? Dabei

handelt es sich um sogenannte Fitness-Tracker, die beispielsweise den Puls des Trägers messen und drahtlos zum angekoppelten Smartphone übertragen. Es gibt viele sinnvolle Anwendungen dafür, etwa für Menschen mit Herz-Kreislauf-Erkrankungen, denn auch bei medizinischen Problemen ist der innere Schweinehund präsent. Das große Blutdruckmessgerät liegt ungenutzt im Schrank, weil man es nicht alle paar Stunden herausholen möchte und alles irgendwie unbequem ist. Das Aufschreiben der Daten in ein Buch nervt ebenso, das gilt umso mehr für die Protokollierung des Blutzuckers und vieles mehr. Wie oft vergisst man das, selbst wenn man weiß, dass es wichtig ist, die Daten zu erfassen? Immer wieder mahnt der Arzt, man solle öfter spazieren gehen und sich im Rahmen der Möglichkeiten sportlich betätigen. Fitness-Tracker und die zugehörigen Apps können dabei eine wirkliche Hilfe darstellen, weil sie nicht nur automatisch Daten protokollieren, die der Arzt später einfach sauber und übersichtlich an seinem Computer einsehen kann (das gilt übrigens auch für moderne Blutzucker-Messgeräte und andere Medizinprodukte). Nein, sie erinnern uns auch ständig und setzen Anreize, um uns beim Erreichen der Ziele zu unterstützen. Das kann ein bestimmter Gewichtsverlust innerhalb einer gewählten Zeitspanne sein, es kann aber auch die praktische Funktion sein, dass man die Kalorien einer Mahlzeit einfach durch das Einscannen der Strichcodes der Produkte ermitteln kann – und zwar portionsgenau. Das Unterbewusstsein zwingt uns irgendwann dazu, die „Wünsche" der App zu erfüllen. Das klingt zunächst etwas unheimlich. Aber wenn Sie ein Smartphone besitzen, klicken Sie bestimmt auch immer auf die App, an der gerade ein roter Marker auftaucht, der die Zahl ungelesener Mitteilungen angibt, oder? Der direkte Vergleich mit anderen Nutzern der Apps ist teilweise ebenfalls möglich. Damit steht der Gedanke des Wettbewerbs im Vordergrund, dem selbst der innere Schweinehund nicht widerstehen kann, denn auch er will schließlich der Beste sein. Nicht zuletzt appelliert so manches Computerprogramm an unser Gewissen, nicht mit erhobenem Zeigefinger, sondern ganz subtil. Die für ihre sportlichen Aktivitäten auch bei älteren Menschen bekannte und sehr beliebte Videospielkonsole von Nintendo, die Wii, hat bei ihrem Sportprogramm beispielsweise darauf gesetzt, dass beim Auslassen eines Trainings die Konsole am nächsten Tag in Gestalt des niedlichen Maskottchens ganz traurig ist. Und glauben Sie mir, irgendwann will man diese hilfreichen digitalen Geister nicht mehr enttäuschen. Die Wii gehört inzwischen der Vergangenheit an, aber die Konzepte findet man auch bei aktuellen Konsolen, die das Bewegen und Trainieren insbesondere den Menschen erleichtern, die nicht die Möglichkeit oder den Wunsch haben, in ein Fitness-Studio zu gehen. Wer sich also einen gewissen Sinn für Fortschritt und moderne Technik bewahrt hat oder bewahren möchte, kann sich das Leben im Ruhestand dank vieler nützlicher Apps erleichtern und alles an einem Ort organisieren - ohne Zettelwirtschaft und ohne Gefahr, etwas zu vergessen, denn die Programme erinnern auf Wunsch natürlich auch regelmäßig an die geplanten Aktivitäten. Übrigens zahlen viele Krankenkassen mittlerweile Zuschüsse für Apps und technisches Zubehör, um die Gesundheit ihrer Versicherten zu fördern. Falls Sie jetzt denken, das ist nichts für mich, weil ich keinen Sport machen kann oder darf, denken Sie an andere Einsatzbereiche. Neben den medizinischen Apps, die sich mit Fitness-Apps oft überschneiden, gibt es auch ganz normale Organizer-Apps. Doch dazu komme ich später noch. Es ging hier vor allem um die Möglichkeit, den inneren Schweinehund effektiv in Schach zu halten.

Ruhestand mit oder ohne Familie?

Diese Frage erscheint auf den ersten Blick vielleicht etwas merkwürdig. Aber wie wir schon festgestellt haben, hat nicht jeder eine Familie. Singles haben oft keine gegründet oder (im Fall von Trennungen etc.) keinen besonders guten Kontakt mehr. Möchte man diesen Kontakt, aus welchem Grund auch immer, nicht mehr intensivieren oder stellt sich die Frage nach der Familie aus anderen Gründen nicht, ist die Sache einfach. Wer keine Verantwortung gegenüber dem Partner oder sonstigen Familienangehörigen hat, muss auch keine Rücksicht nehmen und kann den Ruhestand ganz nach Belieben gestalten.

Falls Sie aber eine Familie haben, stellt sich die Frage, inwieweit das bei der Planung berücksichtigt werden muss. Zunächst einmal gehört der Ruhestand natürlich vor allem Ihnen. Aber vielleicht wollen Sie gerade jetzt die gewonnene Zeit dazu nutzen, sich mehr der Familie zu widmen? Verlorene Zeit mit Kindern und Enkeln wieder aufholen? Dagegen spricht nichts, sofern die anderen Beteiligten das ebenfalls wollen. Sie sollten sich niemals aufdrängen und auch bei gutem Willen nichts übertreiben. Sie kennen ja vielleicht den Spruch, bei dem ein guter Gast mit Fisch verglichen wird – nach einer gewissen Zeit fängt es an, den anderen zu stinken. Überdehnen Sie also Besuche bei entfernten Verwandten nicht über das gesunde Maß hinaus. Zunächst wird Ihnen natürlich jeder versichern, dass Sie so lange bleiben können, wie Sie möchten, was in den ersten Wochen auch prima funktioniert. Aber irgendwann wird ein Besucher für das Intimleben und die Privatsphäre eben auch zur Belastung, egal, wie sehr man jemanden

liebt. Stellen Sie sich selbst die Frage: Hätten Sie gewollt, dass Ihre Eltern immer und überall dabei sind? Insbesondere dann, wenn man das nicht gewohnt ist, weil vor dem Ruhestand immer nur die Arbeit wichtig war? Man muss auch mal die Tür hinter sich schließen können, ohne dass jemand beleidigt ist. Auf der anderen Seite sollte auch Ihre Belastung nicht zu groß werden, etwa dann, wenn es um die Kinderbetreuung geht. Im Notfall, wenn die Kita geschlossen ist oder eine Hausaufgabenhilfe benötigt wird, steht man zweifellos gerne zur Verfügung. Aber wenn man immer nur als Notlösung herhalten muss, wenn wieder einmal kurzfristig ein Babysitter gebraucht wird und die Familie aufgrund des Ruhestands einfach davon ausgeht, dass man ja sowieso nichts Besseres zu tun hat und über die eigene Zeit von anderen bestimmt wird, dann läuft etwas schief.
Finden Sie also auch hier das richtige Gleichgewicht.

Partnerschaften brauchen Raum

Wie verhält es sich nun mit den Aktivitäten im Ruhestand? Das betrifft vor allem den eigenen Partner bzw. die Partnerin (sofern vorhanden). Wie auch im sonstigen Leben teilt man in der Regel nicht sämtliche Vorlieben und Hobbys des jeweils anderen. Das muss man auch nicht. Solange jeder dem anderen den erforderlichen Freiraum lässt und im Gegenzug den gleichen Freiraum bekommt, spricht nichts dagegen, dass er zum Beispiel mit seinen Freunden vom Kegelverein alleine auf Tour geht oder sie mit ihren Freundinnen vom Buchclub eine Lesereise zu den Schauplätzen eines ostfriesischen Krimiautors unternimmt. Solange keiner zu kurz kommt und die gemeinsame Zeit nicht aus den Augen verloren wird, kann das sogar sehr gut funktionieren. Nehmen Sie aber nichts als gegeben hin: Auch dann, wenn Ihre Partnerin oder Ihr Partner behaupten, dass sie kein Problem mit der einen oder anderen Aktivität haben, sollten Sie hinter die Kulissen schauen können. Oftmals gesteht man aus Liebe etwas zu, was auf Dauer zur Entfremdung führen kann. Nicht umsonst werden gerade im Ruhestand sehr viele Ehen geschieden bzw. Partnerschaften beendet, die über Jahrzehnte gehalten haben. Bestand hatten diese Beziehungen oft nur wegen der gemeinsamen Verpflichtungen den Kindern gegenüber oder aus beruflichen Gründen. Heute besteht kein Grund mehr dafür, reine Zweckgemeinschaften nur der Fassade wegen aufrechtzuerhalten. Seien Sie also auch so fair sich selbst gegenüber, zu erkennen, wenn ein Zusammenleben keinen Sinn mehr macht.

Ganz einfach haben es hingegen die Paare und Familien, bei denen die gemeinsamen Interessen überwiegen und es kaum Dinge gibt, die man ohne den anderen tun möchte. Das gemeinsame Erleben besonderer Ereignisse, zum Beispiel Reisen an bestimmte Orte, zu denen beide schon immer einmal fahren wollten, macht alles umso besser. Selbstverständlich gibt es auch Menschen, die lieber alleine bleiben oder besondere Erlebnisse nicht mit anderen teilen wollen. Aber wenn sich gegenseitige Interessen in Einklang bringen lassen, ist das nie von Nachteil. Harmonie ist eine tolle Sache, sofern sie nicht vorgetäuscht oder gar erzwungen wird.

Finanzen: Geld bedeutet auch im Ruhestand zusätzliche Freiheit

Ohne Zweifel gibt es Menschen, die mit Schulden in den Ruhestand gehen und kaum eine Möglichkeit haben, an ihrer finanziellen Situation viel zu ändern. Daher habe ich in den Tipps für die Freizeit- und Lebensgestaltung im hinteren Teil des Buches auch gezielt solche Aktivitäten ausgesucht, die man ohne großen finanziellen Aufwand realisieren kann. Dennoch möchte ich auch auf die Möglichkeit eingehen, sich im Ruhestand etwas dazuzuverdienen, denn viele der genannten Aktivitäten lassen sich in Geld umwandeln - egal, ob man das nun tun muss, weil es am Monatsende nicht reicht, oder ob es einfach nett ist, einen Extragroschen in der Tasche zu haben. Sich im Ruhestand sinnvoll zu beschäftigen, muss längst nicht immer ehrenamtlich oder im Rahmen eines Hobbys erfolgen. Man kann damit durchaus auch Geld verdienen und somit zwei Fliegen mit einer Klappe schlagen. Wichtig ist jedoch, dass man einige Dinge vor Aufnahme einer bezahlten Tätigkeit klärt. Bezieht man eine normale Altersrente, kann man in der Regel problemlos etwas hinzuverdienen oder sogar ein Gewerbe anmelden. Für den Rentenbezug ist das gleichgültig. Das Finanzamt spielt jedoch auf jeden Fall eine Rolle. Schon heute müssen viele Rentner eine Steuererklärung abgeben, weil ihre Renteneinkünfte den Freibetrag übersteigen. Das bedeutet dann noch nicht automatisch, dass man auch zwangsläufig Steuern zahlen muss, aber die Steuererklärung muss jährlich abgegeben werden. Falls Sie sich beruflich gut mit dieser Materie auskennen und auch schon früher ihre eigenen Steuererklärungen gemacht haben, ändert sich nicht viel. Ansonsten ist es ratsam,

Fachleute hinzuzuziehen. Lohnsteuerhilfevereine oder Steuerberater helfen gerne dabei – und dieses Geld sollte man auch investieren, insbesondere dann, wenn man im Ruhestand zusätzlich Geld verdienen möchte bzw. sonstige Einkünfte hat (z. B. aus der Vermietung einer Wohnung oder aus Wertpapieren etc.).

Was darf man im Ruhestand machen?

Etwas schwieriger wird es, wenn Sie keine reguläre Altersrente beziehen, sondern eine teilweise oder volle Erwerbsminderungsrente (früher auch als Erwerbsunfähigkeits- bzw. Berufsunfähigkeitsrente bekannt). Für diese Art Rente kommen Menschen infrage, die aufgrund einer Erkrankung oder Behinderung dauerhaft nicht mehr in der Lage sind, ihrem Beruf bzw. irgendeiner anderen Erwerbstätigkeit nachzugehen. Es gibt verschiedene Abstufungen, denn jemand, der aufgrund einer Mehlstauballergie nicht mehr als Bäcker arbeiten kann, wäre theoretisch in der Lage, einen anderen Beruf auszuüben. Aber selbst dann, wenn man die volle Erwerbsminderungsrente bezieht, darf man etwas hinzuverdienen. Tückisch wird es bei der Hinzuverdienstgrenze, denn anders als bei den meisten anderen Sozialleistungen wird bei einer Überschreitung der Grenzen nicht einfach der überschüssige Betrag von der Rente abgezogen und verrechnet. Überschreitet man die erlaubten Limits, ist der gesamte Rentenbezug gefährdet, sodass sogar Rückforderungen im Raum stehen können. Bevor man eine Nebentätigkeit aufnimmt, sollte man sich als erwerbsgeminderte Person also in jedem Fall genau darüber informieren, ob dies im Einklang mit den Voraussetzungen für den individuellen Rentenbezug möglich ist. Ganz heikel ist es, wenn man aufgrund der steuerlichen Natur der Tätigkeit ein eigenes Gewerbe anmelden muss, etwa dann, wenn Oma ihre selbstgestrickten Pullover in einem Onlineshop verkaufen möchte oder Opa als passionierter Meistergriller einen Imbisswagen mit seinen leckeren Bratwürsten eröffnen will. Dann muss man natürlich ein Gewerbe anmelden, damit das Finanzamt zufrieden ist. Bezieher von Erwerbsunfähigkeitsrenten nach altem Recht (und von denen gibt es einige) dürfen dies jedoch überhaupt nicht, weil jede Selbstständigkeit der früheren Definition der Erwerbsunfähigkeit entgegensteht – unsinnigerweise vollkommen unabhängig von der Frage, ob und wie viel Geld man damit verdient oder nicht. Nach dem überarbeiteten Recht dürfen die Bezieher einer „neuen" Erwerbsminderungsrente zumindest ein Nebengewerbe anmelden, solange sie damit nicht über die Hinzuverdienstgrenzen kommen.

Ohne Gewerbeanmeldung riskiert man hingegen nicht nur Ärger mit der Rentenversicherung, sondern natürlich auch mit dem Fiskus. Immerhin werden die Erwerbsminderungsrenten mit dem Erreichen der Altersgrenze in normale Altersrenten umgewandelt, ab da gelten dann auch die besonderen Einschränkungen nicht mehr. Ich erwähne das, weil viele Ruheständler Hobbys nachgehen, in denen sie handwerklich oder auf andere Weise Dinge erschaffen, die sich durchaus auch verkaufen lassen. Gerade durch die modernen Möglichkeiten des Internets kann im Prinzip jeder eine Internetseite mit Webshop betreiben. Doch wenn man sich aufgrund einer der obigen Gegebenheiten gar nicht offiziell mit einer selbstständigen Tätigkeit verdingen darf, wird schon das normale Rechnungsstellen zum Problem. Dabei lassen sich im Rahmen der Kleinunternehmerregelung heutzutage sehr einfach erste Schritte in das Unternehmertum gehen, von denen man früher nur träumen konnte. Wer vor allem künstlerisch tätig ist (zum Beispiel als Kunstschnitzer, Bildhauer, Maler, Buchautor etc.), kann um eine Gewerbeanmeldung herumkommen, wenn man seine Einnahmen in der Steuererklärung als Freiberufler verbucht. Den Status Freiberufler bekommt man aber nicht ohne Weiteres vom Finanzamt zugebilligt. Besonders kompliziert wird es durch die Tatsache, dass die Finanzbehörden weitgehend selbst darüber entscheiden können und es keine komplett einheitlichen Regeln gibt, wer als Freiberufler gilt und wer nicht. Insbesondere bei Grenzfällen kommt es häufig zu Diskussionen mit dem Fiskus, beispielsweise, wenn man Bücher als Autor nicht nur über einen Verlag oder eine Distributionsplattform wie Amazon als Selfpublisher anbietet, sondern sie auch im eigenen Webshop (z. B. signiert) verkauft. Dann wird aus dem freiberuflichen Autor schnell der gewerbsmäßige Kleinverlag. Auch hier ist professioneller Rat in Form eines Anwalts oder Steuerberaters sinnvoll, der sich mit der Materie genau auskennt. Man benötigt heutzutage auch nicht mehr zwangsläufig Geschäftsräume, um etwas zu verkaufen, kann aber trotzdem ein nahezu weltweites Publikum erreichen. Zu den einzelnen Ideen kommen wir später – hier ging es zunächst nur darum, dass man sich sorgsam auf alle Eventualitäten vorbereiten sollte, denn Unwissenheit schützt auch im Ruhestand nicht vor Strafe, was in diesem Fall Ärger mit der Steuerfahndung und/oder Rückforderungen durch die Rentenversicherung bedeuten kann. Im Zweifel sollten Sie immer einen Anwalt zu Rate ziehen, der sich auf dem betreffenden Gebiet wirklich gut auskennt, denn selbst die Rentenversicherer und Finanzämter geben zu diesen Fragen häufig widersprüchliche und nicht selten komplett falsche Auskünfte. Bedenken Sie auch, dass das Finanzamt in der Regel keine Ahnung vom Rentenrecht hat und umgekehrt.

Sachbearbeiter wissen in Institutionen wie der Deutschen Rentenversicherung oder dem örtlichen Finanzamt kaum, was ihre eigenen Kollegen am Schreibtisch gegenüber tun. Wer schon einmal einen Antrag in Bearbeitung hatte, kennt das Spiel vermutlich, dass man bei jeder Rückfrage mit einem neuen Sachbearbeiter zu tun hat und man wieder alles von vorn erklären muss. Es ist daher offensichtlich, dass diese keine verlässliche Auskunftsquelle für Fragen sein können, die nicht ihr ureigenes Fachgebiet betreffen. Selbst auf vermeintlich sicherem Terrain des eigenen Zuständigkeitsbereiches unterlaufen den Mitarbeitern dort immer wieder Fehler, weswegen Sie wichtige Anfragen zu Ihrem individuellen Status am besten immer schriftlich stellen sollten (das bezieht auch E-Mails ein). Lassen Sie sich nicht auf telefonische Gespräche ein. Das mag zwar schneller gehen, aber wenn Sie eine E-Mail oder einen ausgedruckten Brief vorweisen können, haben Sie im Streitfall immer eine Argumentationshilfe und den klaren Beweis, wie die Auskunft an Sie lautete. Nicht wenige Streitigkeiten in Sachen Steuer- und Rentenrecht landen vor den Finanzgerichten und Sozialrichtern. Lässt sich ein Telefonat nicht umgehen, notieren Sie stets den genauen Namen, Abteilung und Funktion des Gesprächspartners. Bitten Sie außerdem um eine schriftliche Bestätigung der Auskunft. Wie bereits erwähnt, sind auch E-Mails in Ordnung.

Online oder offline – die „Gretchenfrage" bei Aktivitäten im Ruhestand

Es gibt zweifellos Geschäftsideen, die sich nur offline verwirklichen lassen. Dazu zählt zum Beispiel der Verkauf von Hamburgern am eigenen Imbisswagen. Andere Dinge lassen sich hingegen einfacher in der Onlinewelt realisieren. In vielen Fällen überschneiden sich jedoch die Möglichkeiten, da auch die meisten traditionellen

Geschäfte mittlerweile zumindest erst über das Internet gefunden werden müssen. Falls Sie glauben, dass das nichts für kleine Läden ist, sondern nur für große Firmen, irren Sie sich. Es geht nicht darum, dass der kleine Zeitschriftenladen einen Onlineshop anbietet, sondern, dass interessierte Kunden ihn unterwegs finden, spontan die Öffnungszeiten googeln und genau erfahren können, was sie dort bekommen. Das funktioniert nur, wenn man in Branchenverzeichnissen eingetragen ist. Dazu benötigt man nicht zwangsläufig eine eigene Internetpräsenz. Dienste wie die Gelben Seiten, MyGoogle oder auch Geschäftsauftritte in Form von Facebook-Seiten lassen sich oft kostenlos bzw. kostengünstig ohne eigene Infrastruktur nutzen. Wichtig ist dabei jedoch, dass die Einträge aktuell gehalten werden. Steht ein Kunde einmal vor verschlossener Tür, weil die Öffnungszeiten nicht mehr stimmen oder sich gar die Adresse geändert hat, verärgert das die meisten Leute völlig zurecht. In diesem Fall bekommen Sie schnell die Macht des Internets zu spüren, denn negative Bewertungen bleiben dann nicht aus. Wie in den meisten Bereichen des Lebens äußern sich Menschen nur dann, wenn ihnen etwas nicht gefällt. Klar, wir gehen ja auch nur zum Arzt, wenn wir krank sind und bringen unser Auto nicht in die Werkstatt, um dem Autohändler zu erzählen, dass gerade alles toll funktioniert. Vermeiden Sie also unbedingt, dass Sie aufgrund von derartigen Versäumnissen negative Bewertungen erhalten – gleichgültig, welche Geschäftsidee Sie verfolgen.

Wenn Sie im Moment nicht wissen, was ich hiermit genau meine, dann haben Sie vermutlich noch keine oder nur sehr geringe Erfahrungen mit dem Internet gesammelt. Falls das so sein sollte, müssen Sie keine Angst haben oder sich gar schämen, denn Sie befinden sich in bester Gesellschaft. Insbesondere in der älteren

Bevölkerungsgruppe, zu der Ruheständler nun einmal zwangsläufig gehören, ist das Thema Internet oft noch ein „Buch mit sieben Siegeln“. Ich kann Ihnen im Rahmen dieses Ratgebers keine vollständige Einführung in dieses Themenfeld geben, doch die Grundlagen werde ich Ihnen erläutern. Sollte das Internet für Sie bereits ein vertrauter Ort sein, ist es trotzdem interessant, denn vermutlich haben Sie sich bisher nicht für die Möglichkeiten interessiert, die das Internet für die Gestaltung des Ruhestands bietet. Jetzt kommt nämlich der springende Punkt: Selbst Hobbys, ehrenamtliche Tätigkeiten oder geschäftliche Unternehmungen, die man ausschließlich offline betreibt, kann man durch die Nutzung des Internets wesentlich besser erlernen, betreiben und – wenn gewünscht – in finanziellen Erfolg verwandeln.

Öffnen Sie ein Fenster zur Welt

Das glauben Sie nicht?
Nehmen wir das einfachste Beispiel einer typischen Tätigkeit: Handarbeit.
Ich stamme aus einer Generation, in der unsere Omas und Tanten alle gestrickt, gehäkelt und genäht haben. Heute machen das übrigens auch viele Männer. Aber wer damit anfangen will, muss es erst einmal lernen. Volkshochschulkurse und Handarbeits-Zeitschriften waren damals der gängige Weg, wenn man keine Ahnung hatte und niemanden kannte, den man hätte fragen können. In der heutigen Zeit können wir das einfacher lösen, denn im Internet gibt es für fast alles zahllose Anleitungen: vom Krawatten binden über Tapezieren bis hin zum Stricken von Pantoffeln für Pudel – kaum etwas, das es nicht gibt. Durch die Möglichkeit, überall Videos abrufen zu können, kann man die Lektionen immer wieder ansehen und vertiefen. Das ist wesentlich besser als auf Standbildern und

langatmigen Erklärungen in Zeitschriften. Nicht nur das: Schnittmuster, Vorlagen und andere Inspirationen können häufig einfach heruntergeladen und am heimischen Drucker zu Papier gebracht werden. Außerdem kann man den Handarbeitsbedarf (sämtliche Materialien und Handwerkszeug) bequem online bestellen und dabei eine Menge Geld sparen. Das erleichtert die Sache vor allem dort, wo es keine traditionellen Handarbeitsläden mehr gibt. Um bestimmte Techniken zu erlernen, Fragen zu stellen oder sich einfach mit Gleichgesinnten zu vernetzen, bieten sich Foren und Soziale Netzwerke an, mit denen alles gleich viel mehr Spaß macht. Man ist im Internet eben nie allein.

Dieses Beispiel lässt sich auf fast jedes Hobby anwenden – und schon deshalb sollten Sie sich mit dem Internet vertraut machen. Darüber hinaus gibt es so viele Möglichkeiten, die Ihnen die moderne Technik zur Weiterbildung bietet, dass es schade wäre, darauf zu verzichten. Stellen Sie sich vor, man hätte Ihnen verboten, Bücher zu lesen. Welche Welt des Wissens und der Erfahrung wäre Ihnen vorenthalten geblieben? Haben Sie also keine Angst vor dem Netz. Es wird Ihren Horizont mit Sicherheit erweitern.

Computer, Smartphone, Internet – Grundlagen für den modernen Ruhestand

Die Möglichkeiten der modernen Technik erweitern sich jeden Tag. Ob die Technologie nun als Hobby begriffen wird, das man mit Interesse und Neugier verfolgt; als Mittel zur Fort- und Weiterbildung (warum nicht nochmal zur Universität gehen?) oder eher als Hilfsmittel im täglichen Leben (z. B. durch die Nutzung von Smart-Home-Funktionen für Barrierefreiheit etc.), ist dabei egal. Wer mit der Technik umzugehen lernt, verliert nicht nur die Distanz zum Fortschritt (der bisweilen auch Angst machen kann), sondern kann sie nutzen, den Alltag bequem, effizient und mit viel Spaß zu gestalten. Langeweile wird dann kein Thema mehr für Sie sein.

Einer der wichtigsten Gründe für die aktive Nutzung moderner Technik ist im Ruhestand aber vermutlich die Möglichkeit, sich mit anderen Menschen schnell und einfach zu vernetzen, um die gefürchtete soziale Isolation oder Desozialisierung zu verhindern. Sie können Kontakt zur Familie halten, egal, wie weit entfernt Sie wohnen, oder wie es Ihnen körperlich gerade geht. Das ist mit Briefen oder Telefonaten der alten Schule nicht zu vergleichen, weil man sich über Videochat und spontane Textnachrichten, die man formlos ohne großen Anlass verschickt, besser vernetzen kann. Speziell die Menschen, die zu vereinsamen drohen, können mithilfe von Smartphone und Computer neue Kontakte zu Gleichgesinnten knüpfen oder alte Kontakte neu beleben.

Die Kontaktbörse Internet ist nicht nur für die Partnersuche geeignet

Dabei geht es längst nicht immer gleich um Partnerschaften. Sehen Sie es als klassische Brieffreundschaften auf einer neuen Ebene an, wenn Sie kein Interesse an einer Partnerschaft haben. Finden Sie Menschen, die die Vorliebe für Ihr Hobby teilen, egal, ob sie im Nachbarort sitzen oder in Australien leben. Distanz wird im Internet bedeutungslos. Und wenn Sie jetzt glauben, dass man so keine echten Beziehungen und Freundschaften entwickeln kann, unterliegen Sie einem Irrtum. Aus eigener Erfahrung kann ich Ihnen versichern, dass man die tollsten Menschen oft auf der anderen Seite der Erdkugel trifft – wenn auch nur virtuell. Aber diese Beziehungen sind nicht weniger echt, nur, weil sie digital ablaufen. Früher hat man in der Zeitung nach Kontaktanzeigen oder Brieffreundschaften gesucht. Vielleicht ging es auch nur um einen Partner für das Fernschach oder weltweite Kontakte per Amateurfunk bzw. CB-Funk, was in den 70ern topaktuell war. All das – und noch viel mehr – ist heute in Sekundenschnelle möglich. Was Sie dazu tun müssen, ist klar: Sie müssen bereit sein, sich darauf einzulassen. Wie wichtig der soziale Kontakt aus der Ferne sein kann, haben wir während der Coronakrise alle zu spüren bekommen, als die Quarantäne uns plötzlich den direkten Austausch mit unseren Familien und Freunden verboten hat. Ganz ohne Gefahren ist auch das Internet nicht, das ist richtig. Wie im echten Leben gibt es auch hier Betrüger, die nichts Gutes im Sinn haben. Aber das passiert zahllosen Rentnerinnen und Rentnern ebenso auf Kaffeefahrten oder bei unseriösen Haustürgeschäften – vom perfiden Enkeltrick ganz zu schweigen, bei dem fremde Menschen sich für Verwandte ausgeben und die gutmütigen Opfer um Geld bitten.

Wagen Sie es also und entdecken Sie das, was unsere Bundeskanzlerin vor einigen Jahren einmal als „Neuland“ bezeichnet hat. Und falls Sie schon Erfahrung in Sachen Internet haben – umso besser. Dann werden Sie die weiteren Tipps und Vorschläge sicher ebenfalls mit Interesse zur Kenntnis nehmen.

Was benötigt man für den Start ins Netz?

Die meisten Menschen haben mittlerweile bereits Internet in irgendeiner Form zur Verfügung. Wenn Sie bis vor kurzem noch berufstätig waren, ist die Wahrscheinlichkeit groß, dass Sie sich am Arbeitsplatz mit Computern, Smartphones und anderen Geräten befassen mussten. Doch auch, wenn Sie bislang noch keine Berührungspunkte mit der Technik hatten, ist der Weg gar nicht so weit.

Generell benötigen Sie zum Start ins Netz natürlich einen entsprechenden Internetanschluss. Gerade in ländlichen Gebieten ist die Anbindung an schnelle Übertragungsnetze leider noch nicht so, wie man das in einer modernen Industrienation erwarten darf. Aber in vielen Städten und Ballungszentren hat man die Auswahl aus zahlreichen Anbietern, die schnelle Internetanbindung per Glasfaser oder DSL versprechen. Ist weder das eine noch das andere verfügbar, lautet die Alternative bei entsprechender Netzabdeckung LTE, das Sie vielleicht vom Smartphone her kennen. Denn auch hierüber lassen sich Computer mit dem Internet verbinden, es erfordert nur eine andere Hardwarelösung.

Hardware und Software sind Begriffe, denen Sie immer wieder begegnen werden. Darunter versteht man einfach die Endgeräte, also die „harten“ Dinge, die man wirklich anfassen kann, und die „weichen“ Programme, die man nicht sieht und nicht anfassen

kann, weil sie im Inneren der Geräte ihren Dienst verrichten. Um alle Möglichkeiten nutzen zu können, sollten Sie heutzutage nicht nur einen stationären Internetzugang im eigenen Heim haben, sondern auch ein Mobilgerät, in der Regel das Smartphone. Sehr beliebt sind insbesondere bei Senioren die Tablet-Computer, weil sie sich oft einfacher und intuitiver bedienen lassen als die „großen" Computer. Die Grenzen sind etwas fließend, weil man heute in vielen Fällen auch ohne den klassischen Computer viele Dinge tun kann, die früher nicht möglich waren. So kann man ein Tablet beispielsweise um eine drahtlose Tastatur erweitern, wenn man viel schreiben will. Aber dazu später mehr.
Sie benötigen zum Start Folgendes:

- einen Internetanbieter oder Mobilfunkanbieter (evtl. beides)
- Endgeräte, um ins Internet zu kommen
- günstige Tarife, um die Kosten im Griff zu haben

Die gute Nachricht: Das Internet an sich ist kostenlos, ebenso die Nutzung von E-Mail und vielen anderen Angeboten. Zum Surfen in aller Welt benötigen Sie also kein dickes Bankkonto mehr, wie das vor 25 Jahren noch der Fall war, als im Minutentakt abgerechnet wurde und auch noch Telefongebühren für die Leitungsnutzung hinzukamen. Heute gibt es fast überall nur noch stationäre Flatrate-Tarife. Das bedeutet, dass Sie unbegrenzt von Zeit- oder Datenvolumen im Netz surfen können. Das Datenvolumen ist wichtig, weil insbesondere Videos in hoher Auflösung viel Platz benötigen. Diese Daten müssen möglichst schnell durch die Leitung, damit Sie die Videos störungsfrei ansehen können. Die Übertragungsgeschwindigkeit hängt wiederum von der verwendeten Technik ab (DSL, Glasfaser, Mobilfunk). Ausnahme: Beim Mobilfunk sind viele Tarife auf ein monatliches Datenvolumen ausgerichtet. Ist dieses ausgeschöpft, wird die Geschwindigkeit für den Rest des Monats (bzw. des Abrechnungszeitraums) gedrosselt. Bei Festnetz-Anschlüssen, das heißt, für den Computer auf dem Schreibtisch oder im Wohnzimmer, ist das inzwischen egal, weil es kaum noch Tarife mit Volumenbegrenzung gibt. Möchten Sie die Videostreaming-Angebote wie Netflix, Amazon Prime, Disney+ oder einfach nur die Mediatheken diverser Fernsehsender nutzen, benötigen Sie zudem einen Fernseher mit Internetanschluss. Fast alle modernen Geräte lassen sich heute bereits problemlos über ein WLAN-Netzwerk oder per Kabel an das Internet anbinden. Filme schauen können Sie aber natürlich auch direkt am Computer oder am Smartphone.

Was brauchen Sie wirklich im Alltag?

Bei den Endgeräten sieht es so aus, dass, je nach Anbieter, das Modem (zur Kommunikation zwischen Computer und Internet) oder auch ein WLAN-Router (für die drahtlose Verbindung z. B. des Smartphones) für die Vertragsdauer zur Verfügung gestellt werden. Diese sollte man nach Möglichkeit auch nutzen, weil sie für den Betrieb des jeweiligen Anbieters vorkonfiguriert sind. Drahtlose Verbindungen im eigenen Haus machen erst die Nutzung vieler komfortabler Geräte möglich, etwa, wenn Sie Ihre Wohnung zum Smart-Home umrüsten wollen, um Heizung, Beleuchtung und andere Dinge zu steuern. Zuhause verbinden die meisten Nutzer auch ihr Smartphone bzw. Tablet mit dem heimischen WLAN, damit das (in der Regel begrenzte) Datenvolumen ihres Mobilfunktarifs nicht belastet wird. Für die Arbeit im Internet benötigen Sie außerdem natürlich einen Computer. Ob Sie ein Laptop oder einen Desktop-Computer für den Schreibtisch bevorzugen, ist zunächst Geschmackssache und davon abhängig, ob Sie auch mobil arbeiten möchten (zum Beispiel in einem Café Texte schreiben). Smartphone und/oder Tablet kommen ggf. hinzu. Man braucht aber nicht unbedingt alles auf einmal.

Suchen Sie sich Experten in Ihrer Nähe

Sie merken schon: Es ist gar nicht so einfach, den Überblick zu behalten, wenn man noch gar keine Ahnung vom Internet hat. Allerdings haben Sie mit einiger Sicherheit Menschen in Ihrem Bekanntenkreis oder vielleicht sogar in der Verwandtschaft, die Ihnen beim Kauf und der Einrichtung helfen können. Suchen Sie sich jemanden, der sich wirklich auskennt. In Familien sind das häufig die Kinder und Enkel, die Ihnen eher sagen können, was Sie für den persönlichen Bedarf benötigen. Viele Menschen gehen in Fachgeschäfte, um sich dort beraten zu lassen. Das ist gerade für Leute der Generation Ruhestand der bekannte und bewährte Weg, der häufig gut funktioniert. Seien Sie sich aber darüber im Klaren, dass dort in erster Linie Verkäufer arbeiten, die oft nicht sonderlich gut geschult sind oder nur für bestimmte Gerätehersteller tätig sind (insbesondere bei den großen Ketten). Doch auch im Laden an der Ecke will der Berater natürlich etwas verkaufen. Der Preisunterschied kann aber immens sein. Wenn Sie nur ein bisschen im Internet surfen möchten, gelegentlich einen Film schauen, Texte schreiben und die Steuererklärung machen wollen, genügen schon günstige Einsteigergeräte. Sie brauchen dann keinen Hochleistungscomputer, der für High-End-Videospiele geeignet ist.
Ähnliches gilt für den Kauf von Smartphones. Benötigen Sie wirklich das neueste (und teuerste) Gerät? Oder tut es auch eines der vorherigen Generation, das alle Ihre Anforderungen erfüllt? Nehmen Sie sich daher am besten immer jemanden mit, der kundig

ist. Inzwischen gibt es auch viele Senioren, die anderen Älteren bei diesen Fragen unter die Arme greifen und ihr Wissen gerne teilen. Es hat zudem den Vorteil, dass die Generationsbarriere oder die Furcht vor dem Blamieren nicht so groß ist wie bei dem eigenen Enkelkind.

Preise vergleichen ist immer eine gute Idee

Wenn Sie noch gar nicht im Internet sind, kennen Sie eine der nützlichsten Funktionen eher nicht – den Preisvergleich. Fragen Sie daher Ihren persönlichen Experten nach einem guten Preisvergleichsportal, auf dem man sich die besten Angebote vor dem Gang in ein Geschäft ansehen kann (sofern man nicht ohnehin online bestellt). Das geht nicht nur schneller, als die Angebote selbst händisch herauszusuchen (zumal die Anbieter ja meist nur ihre eigenen Angebote bewerben), man verpasst auch keine Spezialangebote, die in der Regel nur für Neukunden und/oder bei einer Onlinebestellung zur Verfügung stehen. Das Einsparpotenzial ist enorm. Das gilt übrigens nicht nur für Internet- und Smartphone-Tarife. Auch Strom, Gas, Heizöl, Versicherungen und viele andere Dinge lassen sich über seriöse und unabhängige Vergleichsrechner übersichtlich gegenüberstellen. Gute Tipps finden sich ebenfalls auf den Seiten der Verbraucherportale wie der Stiftung Warentest, die Produkte ausgiebig testen und unabhängig bewerten. Sie werden staunen, wie viel sich da sparen lässt.

Wer heute in den Ruhestand geht, kommt zumeist noch aus der Generation, bei der Kundentreue normal war. Man kauft dort, wo man schon immer gekauft hat und erhält als Stammkunde beim immer gleichen Versicherungsvertreter Servicevorteile, weil die Treue belohnt wird. Stimmt das? – NEIN. Heutzutage sind Bestandskunden fast immer die Benachteiligten, weil sie die günstigen Neutarife gar nicht angeboten bekommen. Der Service an den Telefon-Hotlines oder per Internet ist dabei oft nicht besser oder schlechter als in Ladengeschäften, wo man am Ende auch meist nur auf die Hotlines der Hersteller verwiesen wird. Daher sollten Sie sämtliche Verträge überprüfen, vergleichen und Ihre Anbieter regelmäßig wechseln. Das Geld, das Sie damit sparen können, wiegt die Anschaffungen für Computer und Smartphone häufig sehr schnell auf. Verschenken Sie also nicht länger Geld, sondern nutzen Sie es für Ihren Ruhestand.

Beim Einrichten sollten Sie sich auch helfen lassen

Nach dem Kauf ist vor dem Einrichten. Auch wenn viele Geräte sich heute weitgehend selbst konfigurieren und einrichten, sollten Sie zu Beginn ebenfalls die Hilfe eines Experten aus dem Bekanntenkreis in Anspruch nehmen, um sich mit allen wichtigen Funktionen vertraut zu machen. Es gibt übrigens auch explizite Kurse in Volkshochschulen und anderen Einrichtungen, die den Menschen, die vorher noch nicht großartig mit modernen Technologien in Kontakt gekommen sind, die Entdeckung des Neulands erleichtern. Das hat außerdem den Vorteil, dass man mit Gleichgesinnten lernt und Erfahrungen austauschen kann. Das macht Spaß und senkt den Frustrationslevel. Wenn alles dann so funktioniert, wie Sie es sich vorgestellt haben, kann es losgehen.
Nicht alles funktioniert so, wie Sie dachten? Keine Sorge – auch das ist leider relativ normal, denn mit technischen Problemen und Fehlern haben Benutzer von Computern seit der Erfindung der Geräte zu kämpfen. Doch auch hier findet man meist Hilfe bei Gleichgesinnten.
So, und dann kann die Fahrt beginnen. Sie haben jetzt alle Hilfsmittel zur Verfügung, die das Internet bietet – nicht nur für Ihre

Online-Aktivitäten, sondern auch, um alle Ihre Vorhaben in der realen Welt schneller, besser, mit mehr Spaß und gemeinsam mit anderen Menschen umzusetzen. Es ist gleichgültig, ob Sie nur den Anschluss an den Rest der Welt suchen, ein erfolgreiches Startup gründen oder sich fortbilden möchten. Sie haben die Wahl. Und nur Sie entscheiden über Ihre Zukunft.

Schaffen Sie die richtigen Voraussetzungen

Eine Idee zu haben ist die eine Sache, diese umzusetzen, eine andere. Dabei geht es nicht unbedingt nur um notwendige Werkzeuge. Wenn Sie einen Onlineshop eröffnen möchten, benötigen Sie Zugang zum Internet. Möchten Sie hingegen als Tischler aktiv werden, brauchen Sie einen Arbeitsraum oder besser noch eine Werkstatt inklusive gutem Werkzeug. Was Sie für die einzelnen Aktivitäten benötigen, die Sie in Teil 3 dieses Ratgebers finden, ist im Prinzip nicht entscheidend. Sie sollten sich allerdings vorher immer einige Fragen stellen, wie Ihre Beschäftigung sich entwickeln soll. Möchten Sie alles nur als reines Hobby betreiben, ist die Sache meist unkompliziert. Solange Sie nicht mit gefährlichen Dingen hantieren (etwa Feuerwerksraketen im Keller eines Mehrfamilienhauses herstellen), benötigen Sie für die meisten Hobbys keine besondere Erlaubnis, weder von Behörden noch von einem eventuellen Vermieter oder im Fall von Eigentumswohnungen von der Eigentümergemeinschaft.

Vermeiden Sie Fehler, die andere schon gemacht haben

Anders sieht es aus, wenn Sie an irgendeinem Punkt im Ruhestand das Hobby zum Beruf machen wollen. Neben den bereits angesprochenen Fragen, die Sie mit dem Finanzamt, der Rentenversicherung oder ggf. der Krankenkasse klären müssen, kommen für viele Aktivitäten behördliche Auflagen hinzu. So können Sie beispielsweise nicht einfach anfangen, Ihre selbstgebackenen Kuchen über das Internet zu verkaufen, ohne die jeweiligen

Anforderungen der Gewerbeaufsicht zu erfüllen. Räumlichkeiten und Personal müssen hygienische und manchmal auch bauliche Mindeststandards erfüllen, die nicht in jedem Hobbykeller umzusetzen sind. Bei allen gewerblichen Aktivitäten ist zudem zu prüfen, ob Ihnen eine solche Nutzung der Wohnung im Mietvertrag untersagt wurde, denn das kann zu einem Kündigungsgrund führen.

Falls Sie jetzt noch nicht wissen, ob Ihr Hobby irgendwann einmal mehr werden soll, ist das kein Drama – viele Genehmigungen lassen sich auch im Nachhinein noch einholen. Einige Fehler können aber teuer werden, wenn man sie nicht von vornherein vermeidet. Daher: Informieren Sie sich bitte immer zuerst über Ihre individuellen (vertraglichen, körperlichen, gesundheitlichen etc.) Voraussetzungen, bevor Sie mit einem Hobby beginnen.

Speziell erwähnen möchte ich dabei auch den Sport. Hier machen Menschen aller Altersgruppen viel falsch, wenn sie als Anfänger durchstarten wollen. Bei Menschen mit Vorerkrankungen oder gehobenen Alters (und dazu zählt man im Ruhestand nahezu immer) sollte der Arzt stets vor Aufnahme der Aktivität befragt werden. Auch, wenn Sie sich gut fühlen, kann es sein, dass bestimmte Medikamente oder Erkrankungen sich nicht mit einem bestimmten Vorhaben vereinbaren lassen.

Kopf frei: Machen Sie sich mit der neuen Situation vertraut

Der Übergang von einem erfüllten Arbeitsleben in den Ruhestand ist für viele Menschen nicht einfach. Für die einen geht es einfacher, weil sie sich schon lange auf ihre Rentenzeit gefreut und darauf hingearbeitet haben. Die anderen fürchten den Verlust ihres Existenzgrundes, weil sie sich eventuell nicht mehr gebraucht fühlen und zeitlebens nur über ihre Arbeit definiert haben.

Zwischen diesen beiden Polen gibt es eine breite Abstufung an Reaktionen auf den Ruhezustand, mit denen jeder Betroffene anders umgeht. Die Erfahrung zeigt jedoch, dass diejenigen, die sich schon frühzeitig mit dem Thema befasst haben, wesentlich besser mit der Umstellung zurechtkommen als andere. Das ist ein bisschen wie bei einem Flug in den Urlaub – man weiß, dass das Thema Zeitumstellung und Jetlag auf einen zukommt, aber jeder geht anders damit um. Wie gut es gelingt, hängt stets auch von der eigenen Verfassung und Einstellung ab. Wer sich ohnehin nur zum Feiern an den Strand legen will, dem ist es relativ egal, ob er wegen eines Jetlags am Tag müde ist oder in der Nacht nicht schlafen kann, weil er sowieso noch in die Disco will. Letztlich schafft es fast jeder, damit zurechtzukommen, doch wie gut und schnell das gelingt, kann man durchaus selbst beeinflussen.

Ein guter Weg, um nicht von der neuen Situation überrascht zu werden, ist, sich schon einige Zeit vorher Gedanken darüber zu machen, wie sich der Alltag verändern wird. Stellen Sie sich zu jeder Änderung die Frage, ob es Sie stören würde. Würden Sie den alltäglichen Stau auf der Autobahn vermissen? Das Gedränge in der U-Bahn? Den Stress beim Frühstück, weil wieder mal alles so knapp ist? Falls ja – dann lautet die gute Nachricht, dass Sie das alles auch im Ruhestand weiter pflegen können, wenn Sie unbedingt möchten. Denn es verbietet Ihnen schließlich niemand, morgens mit der U-Bahn herumzufahren oder im Berufsverkehr einkaufen zu gehen.

Gönnen Sie sich das, was gut für Sie ist

Die meisten Ruheständler können auf solche Rituale aber ganz gut verzichten und möchten ihre neu gewonnene Freiheit lieber sinnvoll nutzen. Hierzu habe ich ja bereits einige Punkte erwähnt, etwa die Wichtigkeit, die Balance zu finden, damit man zwischen Aktionismus und innerem Schweinehund die Motivation nicht verliert.
Gehen Sie es entspannt an. Frühstücken Sie in Ruhe. Gehen Sie einkaufen, wenn Sie Lust dazu haben. Heutzutage erlauben die Öffnungszeiten ein sehr viel flexibleres Einkaufsverhalten als zu der Zeit, während der Sie das Arbeitsleben begonnen haben. Entdecken Sie diese Möglichkeiten neu, denn abseits der Hauptstoßzeiten kann man im Supermarkt und anderswo oft sehr viel entspannter einkaufen. Organisieren Sie Ihr neues Leben so, wie es Ihnen gefällt – es gibt dabei prinzipiell weder ein richtig noch ein falsch. Gönnen Sie sich eine Phase des Übergangs, in der Sie sich an die neue Lage gewöhnen können. Die ersten Tage werden Sie vermutlich noch immer um sechs Uhr morgens aufwachen, wenn das eine jahrzehntelange Routine war. Möglicherweise werden Sie das nie ablegen können. Andere können von einem Tag auf den anderen sehr lange schlafen und sind damit glücklich. Auch das wäre in Ordnung, solange Sie sich nicht daran stören.

Reisen stehen im Ruhestand ganz oben auf der Liste

Wenn man Menschen fragt, was sie im Ruhestand tun möchten, kommen nur selten konkrete Antworten. Meistens sind es eher allgemein gehaltene Ideen wie „Ich möchte endlich mehr reisen" oder „Mehr Zeit mit der Familie verbringen". Beides sind gute Ideen. Seien Sie allerdings darauf gefasst, dass Ihre Familie ebenso wenig daran gewöhnt ist, dass Sie plötzlich zuhause sind und Zeit haben. Wenn ein arbeitsreiches Leben häufig Opfer von Ihren Angehörigen verlangt hat, dürfen Sie jetzt nicht automatisch davon ausgehen, dass Ihre Kinder, Partner, Enkel und Freunde nur darauf gewartet haben, dass Sie endlich Ihr Leben leben können, wie Sie es wollen. Auch der Lebensweg anderer ging in den letzten Jahrzehnten weiter. Nehmen Sie es also niemandem übel, der jetzt nicht freudestrahlend mit Ihnen auf Tour gehen möchte. Eine Ausnahme bilden dabei noch am ehesten die Lebenspartner, mit denen man gemeinsam in den Ruhestand geht und entsprechend aktiv sein möchte. Sofern Sie das notwendige Geld dazu haben, sollten Sie die Traumreisen, die Sie immer machen wollten, auch möglichst bald angehen. Zum einen macht es keinen Sinn, noch mehr Zeit zu verlieren; zum anderen wissen Sie nie, welche Umstände sich plötzlich ändern können – insbesondere in Sachen Gesundheit.

Wie bei sportlichen Aktivitäten empfehle ich Ihnen auch bei Fernreisen, zuvor Ihre Ärzte zu befragen, ob sich die geplanten Unternehmungen mit Ihrer Gesundheit bzw. eventuellen Medikamenten und Therapien vertragen. In vielen Fällen wird der Arzt keine Einwände haben, aber hören Sie ihm dennoch aufmerksam zu, denn hin und wieder gibt es gute Gründe, bestimmte Reiseziele zu meiden oder besondere Vorsichtsmaßnahmen zu beachten. Egal, wie spontan Sie gerne wären - die Gesundheit und Verantwortung anderen gegenüber gehen im Zweifel vor.

Orientieren Sie sich neu in gewohnter Umgebung

Als Teil der arbeitenden Bevölkerung waren Sie nicht von der Entwicklung abgekoppelt. Wenn man bei Ihnen vor der Haustür eine neue Straße gebaut hat, haben Sie das ebenso mitbekommen wie den Einzug der neuen Nachbarn. Es ist aber erstaunlich, wie viel man an Neuigkeiten und Veränderungen verpasst, wenn man den ganzen Tag am Arbeitsplatz ist. Die Familienangehörigen, die diese Änderungen in Echtzeit miterleben, finden diese oft gar nicht spektakulär und thematisieren sie nicht. Das ist der Grund dafür, dass viele Ruheständler sich in der eigenen Nachbarschaft plötzlich fremd vorkommen und von Neuerungen geradezu überrascht werden. Sicher – wenn der Familienvater nie Zeit hatte, mit dem Sohn auf den neuen Spielplatz zu gehen, hat der „alte Herr" vielleicht gar keine Ahnung, wie sehr der Park in den letzten zwanzig Jahren verschönert wurde.

So seltsam es also klingt: Die Neuorientierung macht auch in eigentlich gewohnter Umgebung Sinn. Entdecken Sie Ihre Nachbarschaft neu, insbesondere zu Zeiten, zu denen Sie sonst nicht aktiv sein konnten, weil die Arbeit Priorität hatte. Es ist beeindruckend, was man alles verpasst, wenn man nur morgens und abends die Nachbarschaft erlebt und nicht den Alltag des eigenen Zuhauses begleitet.

Starten Sie durch, wenn Sie bereit dazu sind

Den idealen Zeitpunkt zu finden, um mit dem Ruhestand richtig durchzustarten, ist individuell sehr verschieden. Es gibt keinen perfekten Plan, der für jeden passt. Die einen wollen sich ausruhen und das Nichtstun genießen, unterbrochen von Hobbys, um der Langeweile zu trotzen. Andere haben detaillierte Pläne, deren Umsetzung sie kaum erwarten können. Wieder andere haben keine Ahnung, was sie mit ihrer neu erworbenen Freiheit anfangen möchten und lassen alles auf sich zukommen. Nicht zuletzt gibt es ja sehr schöne Ratgeber zu diesem Thema - wie diesen, den Sie gerade in der Hand halten.
All das ist in Ordnung, denn Sie müssen das tun, was Sie wollen und zu dem Zeitpunkt, der Ihnen selbst richtig erscheint. Entscheidend ist jedoch, das Ziel nicht aus den Augen zu verlieren. Haben Sie Großes vor, schieben Sie es nicht auf die lange Bank, aber stressen Sie sich auch nicht. Es stimmt zwar, dass großer Druck Diamanten erzeugt, doch im Ruhestand sollte es vornehmlich um Ihr Wohlbefinden gehen und wie Sie Ihre Freizeit jetzt sinnvoll nutzen können.
Sinnvoll bedeutet dabei übrigens nicht, dass alles, was Sie tun, von nun an einen besonderen philosophischen, gesellschaftlichen oder praktischen Nutzen haben muss. Spaß braucht keine Rechtfertigung und Sinn schließt Spaß längst nicht immer aus. Diese Erfahrung machen viele in ihrem Berufsleben nicht, daher ist es wichtig, das zu erwähnen. Gestalten Sie Ihr Leben und lassen Sie es nicht mehr durch andere gestalten.

Bevor wir zum dritten Teil des Ratgebers kommen, in welchem ich Ihnen konkrete Tipps und Anregungen für die Ausgestaltung

Ihres Ruhestands gebe, möchte ich Ihnen ans Herz legen, alles genau nach Ihrem persönlichen Tempo zu tun. Es ist nicht entscheidend, wie schnell Sie an ein Ziel gelangen. Tatsächlich ist es nicht einmal wichtig, überhaupt ein bestimmtes Ziel zu erreichen, denn oft können wir die Ankunft weder vorhersehen noch beeinflussen. Wichtig ist es aber, den Weg zu beschreiten, denn abgesehen von verdienten Phasen der Ruhe und Pause, bedeutet Stillstand immer auch Rückschritt. Den Unterschied zwischen Stillstand und Ruhestand zu erkennen, ist manchmal gar nicht so einfach. Wenn Sie sich jedoch an den alten Spruch halten „Der Weg ist das Ziel“, dann haben Sie gute Chancen auf einen erfüllten Ruhestand, der Ihre Erwartungen sogar übertreffen könnte.

Spaß, Beruf, Ehrenamt, Sport – willkommen in Ihrem Ruhestand

Um Ihnen konkrete Tipps und Anregungen zur Gestaltung Ihres Ruhestands zu geben, möchte ich nicht einfach das tun, was viele andere Ratgeber an dieser Stelle machen. Oftmals werden nur willkürlich ausgewählte Aktivitäten mehr oder weniger lieblos aufgezählt, ohne konkrete Ratschläge, wie Sie das am besten umsetzen können.
Ich möchte Ihnen mehr bieten – nämlich Ideen und Inspiration, um neue Wege zu gehen. Vielleicht fällt Ihnen auch einiges ein, woran noch kein Ratgeber gedacht hat – umso besser! Bleiben Sie bei allem, was Sie tun, kreativ und offen gegenüber Neuem. Nur so kommt es überhaupt zu Innovationen, denn wir erinnern uns: Stillstand bedeutet Rückschritt.

Um die Übersichtlichkeit zu verbessern, habe ich die verschiedenen Aktivitäten in diverse Kategorien eingeteilt. Die Übergänge sind jedoch manchmal fließend, weswegen Sie sich auch solche Kategorien und Vorschläge durchlesen sollten, zu denen Sie auf den ersten Blick vielleicht gar keinen Bezug haben oder kein Interesse daran entwickeln. Der Grund hierfür ist einfach: Viele Hobbys und andere Freizeitaktivitäten werden ohne professionellen oder gar geschäftlichen Anspruch verfolgt. Im Ruhestand muss das ja auch gar nicht sein. Aber mit vielen Ideen lässt sich durchaus Geld verdienen, auch wenn diese nicht explizit von Beginn an unter die Kategorie „Berufliches“ fallen. Oftmals sind Tipps und Erfahrungen zur Umsetzung, unabhängig von der eigentlichen Tätigkeit, universell nutzbar. Möchten Sie beispielsweise Ihre selbst geschnitzten Spielzeuge verkaufen, müssen Sie ähnliche Schritte unternehmen wie bei dem Verkauf von Handarbeitswaren. Sehr oft entwickelt sich im Ruhestand erst nach einiger Zeit aus einem Hobby die Idee, damit ein paar Euro nebenbei zu verdienen. Holen Sie sich also sowohl sehr spezifische als auch allgemeine Anregungen für Ihre Freizeitgestaltung. Was für Sie möglicherweise weniger interessant ist, kann Sie dennoch auf neue Ideen bringen. Flexibilität ist eine Option, die Sie durchaus nutzen sollten, frei nach dem Motto: „Alles kann, nichts muss."

Ruhestand für Könner – eine Auswahl der besten Ideen für die Freizeitgestaltung

Einige Ideen habe ich bereits mehr oder weniger konkret angerissen, weil sie als Beispiel zur Verdeutlichung dienten. Sie werden allerdings keinen Ratgeber zum Ruhestand finden, der wirklich alle möglichen Aktivitäten erschöpfend und vollständig aufzählen kann – dazu gibt es einfach zu viele. Dennoch kann ich Ihnen Ideen und Inspirationen an die Hand geben, aus denen Sie individuell das Beste machen können. Vielleicht fällt Ihnen ja auch etwas ein, was vorher noch keinem anderen eingefallen ist? Dann setzen Sie es um und schaffen Sie einen neuen Trend. Es gibt keine festen Regeln, was im Ruhestand angemessen ist und was nicht. Alles, was Sie gesundheitlich, finanziell und zeitlich schaffen können, ist für den Zeitvertreib (oder auch die ausfüllende Beschäftigung) geeignet.

Reisen – der Traum der meisten Ruheständler

Fast jeder, der in den Ruhestand geht, möchte seine restliche Lebenszeit dazu nutzen, mehr zu reisen. Ob das bedeutet, das eigene Land besser kennenzulernen oder auf die berühmte Weltreise zu gehen, ist gar nicht so wichtig. Reisen gehören für viele einfach zum Inbegriff von Entspannung, Erholung und Erweiterung des eigenen Horizonts. Am meisten Spaß macht das, wenn man gemeinsam mit anderen reisen kann. Es gibt jedoch auch viele Pensionäre, die keine Partner (mehr) haben und zufrieden damit sind, alleine etwas von der Welt zu sehen. Hin und wieder wird diese Entscheidung sogar sehr bewusst getroffen, weil man endlich Zeit und Muße hat, eigenen Hobbys, ohne Familie und Partner, nachzugehen. Reisen eignen sich zudem nicht nur für die Erholung, sondern auch für die Weiterbildung. Es muss nicht immer die explizite Studienreise sein, aber selbst bei eigentlich touristisch ausgerichteten Reisen kann man fast immer etwas über Kultur, Land und Leute lernen. Insbesondere Fernreisen sind dank des Preisverfalls im Flugverkehr sehr viel erschwinglicher geworden – und so mancher hat im Ruhestand die Liebe zu einem anderen Land entdeckt, um sich dort dauerhaft niederzulassen.

Fernreiseziele wie die USA, Australien oder Thailand stehen bei vielen ganz oben auf der Liste. Wenn Sie vorher noch nie geflogen sind, dann wird es Zeit, sich damit auseinanderzusetzen. Sollten Sie unter Flugangst leiden, bedeutet das nicht, dass Sie auf Flugreisen verzichten müssen. Es gibt sehr gute Therapien, die den Umgang mit solchen Phobien erleichtern. Oft beruhen die Ängste auf irrationalen Vorstellungen oder darauf, dass man sich bereits von (eigentlich völlig normalen) Geräuschen und Vorgängen im Flugzeug verunsichern lässt. Es ist einfach schade, auf diese Möglichkeit verzichten zu müssen, nur, weil man sich der Flugangst nicht stellen möchte. Wenn es Ihnen gelingt, die Furcht zu überwinden, stehen Ihnen alle Reiseziele offen.

Bereiten Sie Fernreisen sorgfältig vor

Bei aller Spontanität, die man vorweisen kann, sollten Sie Ihre Reisen gut vorbereiten. Das gilt umso mehr, wenn Sie gesundheitliche Faktoren berücksichtigen müssen. Generell sollten Sie mit Ihren behandelnden Ärzten klären, ob Fernreisen für Sie überhaupt infrage kommen. So können bestimmte Herzerkrankungen einer

Flugreise im Wege stehen. Allerdings können Schiffsreisen dann eine Alternative sein, wenn es weit weg gehen soll. Ansonsten gibt es natürlich auch die Möglichkeit, mit dem Auto oder der Bahn in die Ferne zu schweifen, wenngleich man dann Ziele wie Australien nicht mehr auf der Liste haben sollte. Die gute Nachricht ist jedoch, dass man mit fast allen körperlichen Einschränkungen und Behinderungen die meisten Reiseziele der Welt erreichen kann. Es ist etwas aufwändiger und leider sorgen die Assistenzdienste von Fluggesellschaften, Flughäfen, Bahnhöfen, Bahngesellschaften und Hotels immer wieder dafür, dass die Barrierefreiheit nicht so ausgestaltet ist, wie sie es sein sollte. Doch mit guter Planung sind die meisten Reiseziele erreichbar.
Tipp: Vernetzen Sie sich über das Internet mit anderen Betroffenen, die ähnliche Herausforderungen meistern müssen. Dieser Erfahrungsaustausch ist enorm wertvoll.

Ein wichtiger Punkt auf Reisen ist vor allem die Versorgung mit notwendigen Medikamenten. Zum einen sind, je nach Reiseziel, vielleicht nicht alle Hilfsmittel und Medikamente kurzfristig vor Ort erhältlich. Zum anderen benötigen Sie auch in anderen Ländern Verschreibungen für bestimmte Medikamente. Daher ist es immer am besten, wenn Sie den während der Reise benötigten Vorrat an Arzneimitteln im Gepäck haben. Vorräte von bis zu drei Monaten kann Ihr Hausarzt in der Regel problemlos auf einmal verordnen. Vorsicht geboten ist allerdings bei den Einreisebestimmungen im Zielland, denn der Zoll kann die Einfuhr bestimmter Medikamente generell verbieten. Das ist insbesondere dann problematisch, wenn es sich um Präparate handelt, die beispielsweise in Deutschland rezeptfrei zu bekommen sind, aber im Zielland verschreibungspflichtig sind. Ein besonderes Problem sind Betäubungsmittel wie starke Schmerzmittel auf Opiatbasis. Wenn Sie so etwas einnehmen müssen, sollten Sie sich vom Arzt am besten eine Bescheinigung ausstellen lassen, dass Sie die Medikamente dringend benötigen. Hierbei macht Mehrsprachigkeit Sinn – zumindest sollte die Bescheinigung auf Englisch ausgestellt sein. Wichtig ist, dass die Behörden vor Ort verstehen, worum es geht. Im Nachhinein ist so etwas schwer zu regeln, daher sollten diese Fragen lange vor Reiseantritt geklärt sein.

Den Zoll nicht vergessen

Das Reisen innerhalb Deutschlands und der Europäischen Union ist durch den Wegfall der Binnengrenzen und der Regeln des Schengen-Raums sehr einfach geworden. Abgesehen von Ausnahmesituationen gibt es keine Grenzkontrollen mehr, und wenn Sie sich im Bereich der Staaten des Euroraums bewegen, entfällt auch der nervige Geldumtausch. Innerhalb der EU dürfen Sie sogar nach Herzenslust umziehen und arbeiten – all das bietet der gemeinsame Wirtschafts- und Lebensraum seinen Bürgern.
Allerdings bedeutet das nicht, dass man sich um Mitbringsel wie Zigaretten oder Alkohol am Zoll keine Gedanken mehr machen muss. Bei Stichproben fallen insbesondere immer wieder die Ruheständler negativ auf, die irrtümlicherweise glauben, unbegrenzt viele Waren mitbringen zu dürfen. Die zulässigen Freimengen dürfen jedoch nicht überschritten werden. Wie hoch diese Freimengen sind hängt vom Reiseziel ab, denn diese können stark variieren.
Wichtig dabei ist: Nur die Auskünfte des Landes sind relevant, in die Waren eingeführt werden. Was Ihnen jemand in den USA oder in Tunesien dazu erzählt, was Sie in die EU bzw. nach Deutschland einführen dürfen und was nicht, ist völlig irrelevant. Die Händler dort wollen nur ihr Geschäft machen. Die Waren

als „Geschenk“ kennzeichnen und vom Händler zuschicken lassen ist ebenso keine gute Idee. Oftmals heißt es, dass man auf Geschenksendungen keinen Zoll zahlen muss. Das ist aber Unsinn. Es gelten lediglich andere Freigrenzen zwischen privaten (!) Geschenken und gewerblichen Bestellungen. Der Haken: Hat der Zoll Grund zur Annahme, dass es sich um einen gewerblichen Händler handelt, der Ihnen etwas zuschickt, werden Portokosten auf die Freigrenze angerechnet. Diese liegt bei einem gewerblichen Kauf niedriger als beispielsweise bei einem Geschenk. Unabhängig vom Zoll fallen zudem eine Einfuhrumsatzsteuer und ggf. andere Abgaben an. Welche Kosten entstehen, hängt also nicht nur vom Ursprungsland ab, sondern auch von der Art der Waren und den jeweiligen Freigrenzen.
Denken Sie daran, wenn Sie Geschenke für Ihre Lieben daheim einkaufen – all das müssen Sie ggf. beim Zoll anmelden, denn die Freigrenze gilt nur für den Reisenden, nicht für Dritte. Die berühmte Stange Zigaretten aus dem Duty-Free-Shop dürfen Sie also auch nur mitbringen, wenn Sie selbst Ihre eigene Freimenge nicht ausschöpfen.

Entspannt reisen im Ruhestand

Für die meisten Familienmenschen waren Reisen vor dem Ruhestand entweder nur eingeschränkt möglich oder im Rahmen der ganzen Familie zu sehen. Der gesamte Familienclan musste nun einmal in den Ferien immer mit dabei sein.
Im Ruhestand können Sie sich ganz auf sich (ggf. mit Partnerin oder Partner) konzentrieren. Einer der größten Vorteile dürfte dabei die freie Wahl der Reisezeit sein. Sie müssen nicht länger auf die Sommerferien Rücksicht nehmen und können jederzeit überall dorthin reisen, wo Sie schon immer hinwollten. Das spart

außerdem eine Menge Geld, denn wenn Sie die Hauptreisezeit meiden, sind Hotelzimmer und Reisekosten oft erheblich günstiger. Überhaupt ist Geld in Sachen Reisen natürlich ein wichtiger Faktor. Hier zahlt es sich aus, wenn Sie Wohneigentum besitzen, denn Ihre laufenden Kosten sind dann geringer, als wenn Sie irgendwo zur Miete wohnen. Haben Sie nur wenige laufende Kosten im Monat, können Sie viel öfter und ausgedehnter reisen, denn es spielt letztlich keine Rolle, ob Sie in den eigenen vier Wänden sitzen oder vielleicht in einer günstigen Pension auf Mallorca. Viele Ruheständler gehen sogar noch einmal den Schritt, komplett in ein anderes Land auszuwandern.

Werden Sie zum Sparfuchs

Im vorderen Teil des Ratgebers habe ich Sie mit den Vorzügen des Internets vielleicht etwas genervt, doch das zahlt sich jetzt aus. Bei kaum einer anderen Aktivität kann das Internet die Dinge so erleichtern und günstiger machen als beim Reisen. Zahllose Anbieter für Reisen, Flüge, Unterkünfte, Mietwagen und alles, was dazugehört, tummeln sich im Netz. Es gibt auch viele gute Vergleichsportale, die Ihnen dabei helfen, die besten und günstigsten (das ist nicht immer dasselbe) Angebote zu finden. Auf diese Weise können Sie häufig viel Geld sparen. Der Gang ins klassische Reisebüro bleibt Ihnen natürlich unverwehrt, doch auf lange Sicht fahren Sie mit dem Internet meistens günstiger. Da man Flüge, Bahnfahrten, Mietwagen und Unterkünfte in der Regel direkt buchen kann, sind Sie in der Lage, sehr spontan zu reisen. Selbst von unterwegs aus können Sie Reisepläne ändern oder erweitern, indem Sie über Ihr Smartphone beispielsweise noch ein Hotel in der Nähe buchen, weil Sie ein paar Tage in einer anderen Gegend anhängen möchten. Ein bisschen Vorsicht ist geboten, um

nicht unseriösen Anbietern in die Hände zu fallen. Wenn Sie sich aber an den großen Buchungs- und Vergleichsportalen orientieren, ist dieses Risiko meist gering. Falls Sie dennoch einmal das Pech haben, an ein „schwarzes Schaf" zu geraten, sind Sie bei der Zahlungsabwicklung über die Portale (z. B. per Kreditkarte oder PayPal) häufig gegen finanzielle Schäden gut abgesichert. All das wird schwierig, wenn Sie daheim die Kataloge wälzen oder direkt bei einem Hotel im Ausland per Telefon buchen.
Spätestens jetzt wird es also Zeit, sich mit den Vorzügen des Internets zu befassen, zumal Sie auf Reisen von den Möglichkeiten mobiler Internetnutzung stark profitieren. Von der Navigation auf Autofahrten, Wanderungen oder Radtouren über Museumsführungen am Handy bis hin zu Tipps für Restaurants und Nachtleben finden Sie im Netz die Antworten auf so gut wie alle Fragen zu Ihrem jeweiligen Reiseziel.

Alte Bäume nochmal verpflanzen?

Auswandern klingt dramatisch, doch im Prinzip ist nur damit gemeint, den Lebensmittelpunkt zu verlagern. Wie bereits erwähnt, ist dies innerhalb der EU sehr unkompliziert möglich. Der Aufwand gleicht im Prinzip einem Umzug innerhalb Deutschlands. Lebenshaltungskosten spielen dabei eine große Rolle. Jemand, der im Ruhestand eine durchschnittliche Rente in Deutschland bezieht, kann in einem EU-Land wie Polen oder Rumänien sehr gut davon leben. Mitten in Paris oder London (auch, wenn die Briten die EU verlassen) ist das Leben dagegen sehr viel teurer. In jedem Fall kann man sich aber persönlich ausrechnen, wie die Lebenshaltungskosten anderswo im Vergleich zur angestammten Heimat wären. Der Umzug auf andere Kontinente ist prinzipiell ebenfalls möglich. Hier müssen allerdings dann oft sehr umfangreiche

Formalitäten abgewickelt werden. Wer in Länder wie die USA oder nach Australien ziehen will, muss die Voraussetzungen der Einwanderungsbehörden erfüllen. Insbesondere die Arbeitserlaubnis ist wichtig – einfach mit einem Touristenvisum in ein anderes Land zu fahren und dortzubleiben, ist auf der ganzen Welt illegal. Dennoch ist das Auswandern oft weniger kompliziert als man denkt.

Seien Sie mutig, aber bedenken Sie die Konsequenzen

Wenn Sie vorhaben, nach Thailand, Amerika, Australien oder vielleicht nach Brasilien zu ziehen, sollte das allerdings gut durchdacht sein. Kommen Sie wirklich mit dem verfügbaren Geld aus? Die Rente wird problemlos auch in andere Länder überwiesen. Aber was ist mit der Krankenversicherung und einer eventuellen Pflegebedürftigkeit, die uns alle irgendwann betreffen kann? Hier müssen Sie sich in der Regel privat gut absichern und darauf achten, dass die Policen auch für das betreffende Land gelten, in das Sie ziehen möchten. Die Sprachbarriere kommt beinahe überall auf der Welt hinzu, denn nicht immer kann man sich mit Deutsch und Englisch behelfen. Spanisch und Französisch werden in vielen Teilen der Welt gesprochen und Chinesisch wird, nach Meinung vieler Experten, die kommende Weltsprache sein. Das Lernen neuer Sprachen (dazu komme ich später noch) ist für einen solchen Ruhestand quasi zwingende Voraussetzung. Ja, es gibt tatsächlich deutsche „Rentnerkolonien“ auf Mallorca und andernorts, wo man mit Deutsch ganz gut zurechtkommt. Aber Sie erwarten von Menschen, die sich in Deutschland niederlassen möchten, ebenfalls, dass sie die hiesige Sprache lernen. Das hat viel mit Respekt zu tun. Sie müssen nicht von einem auf den anderen Tag eine Fremdsprache perfekt beherrschen. Wer jedoch am Leben teilnehmen möchte, muss die Einheimischen verstehen und sich selbst auch verständlich machen können. Vielerorts rechnen die Menschen es einem bereits hoch an, es überhaupt zu versuchen. Ob Grammatik und Aussprache korrekt sind, spielt keine entscheidende Rolle.

Es ist selten zu spät

Oftmals hört man von älteren Menschen: „Wäre ich zehn Jahre jünger, würde ich sofort auswandern" – aber es gibt selten konkrete Gründe, die gegen eine Auswanderung sprechen. Überlegen Sie mal, wenn Sie jetzt Anfang sechzig sind und vielleicht noch dreißig Jahre in hoffentlich guter Gesundheit vor sich haben, dann „lohnt" sich das Auswandern nicht weniger als wenn Sie dies mit Anfang 50 getan hätten. Es ist selten zu spät, sein Leben nochmal zu ändern. Was hält Sie denn tatsächlich davon ab? Wenn es nur die Furcht vor dem Unbekannten ist, daran lässt sich arbeiten. Aber wenn keine sachlichen Gründe dagegensprechen, sollten Sie die Möglichkeiten zumindest einmal genau ausloten, bevor Sie pauschal behaupten, dass das zu kompliziert oder „unmöglich" wäre. Sofern alle sozialversicherungsrechtlichen Fragen und Probleme geklärt sind, spielt es nicht wirklich eine Rolle, ob Sie in Bottrop, auf Mallorca oder anderswo alt werden.

Kultur – endlich Zeit für Musik und Kunst

Im Ruhestand hat man endlich mehr Zeit, sich den schönen Künsten zu widmen. Kunstwerke, Bilder, Musik, Film, Bücher – die Welt bietet so viel Kultur, dass ein Leben kaum ausreicht, auch nur annähernd alles zu betrachten, was man sehen möchte. Höchste Zeit also, im Ruhestand ein bisschen was aufzuholen. Während des Arbeitslebens bleibt nun einmal leider nur eine begrenzte Zeit für Freizeitaktivitäten. Zwischen Job, Familie und anderen Pflichten wird die Kultur oft als Luxus betrachtet und entsprechend beschnitten. Das Schöne ist, dass Kultur nicht unbedingt teuer sein muss. Gerade im Ruhestand kann man vielerorts mit dem Rentnerausweis ermäßigte Eintrittspreise nutzen. Das funktioniert sogar in vielen Kinos. Vielleicht haben Sie einen Schwerbehindertenausweis, dann sollten Sie davon ebenfalls Gebrauch machen, da der häufig auch dort funktioniert, wo Rentner keine pauschalen Ermäßigungen bekommen. Mit einem entsprechenden Merkzeichen können Sie eventuell auch kostenlos eine Begleitperson mitnehmen.

Unterstützung für Kulturbetriebe

In Städten wie Berlin, Frankfurt, München oder Hamburg finden Sie beinahe an jeder Ecke ein Museum. Insbesondere die kleinen, unscheinbaren Museen sind oft die tollsten Entdeckungen. Viele davon verlangen nicht einmal Eintritt, sondern überlassen es dem Besucher, wie hoch seine Spende ausfällt. Solche Kulturbetriebe sind wichtig, das gilt speziell für die vielen Bühnen, die

Theater- und Musikstücke mit viel Leidenschaft und Enthusiasmus aufführen. Unterstützen Sie die Kulturschaffenden in Ihrer Stadt und andernorts mit einem Besuch und entdecken Sie ganz neue Horizonte. Hinzu kommen selbstverständlich die vielen staatlichen Museen und bekannten Sehenswürdigkeiten, die unsere Städte zu dem machen, was sie sind.
Ich habe diesen Abschnitt mit Bedacht direkt nach dem Punkt „Reisen“ eingefügt, weil sich beide perfekt ergänzen. Diejenigen, die nicht den ganzen Tag nur am Strand liegen möchten, sind häufig auch an der Kultur eines Reiseziels interessiert. Vergessen Sie nicht, dass die Kultur das ist, was uns als Spezies so besonders macht. Die Fähigkeit, schöpferisch und gestalterisch zu denken und zu handeln, macht einen Großteil dessen aus, was uns als Menschen definiert. Kreativität ist das Stichwort – und wer weiß: Vielleicht dient ein Rundblick durch die kulturellen Schätze Ihrer Umgebung als Inspiration, selbst schöpferisch tätig zu werden? Malen, Töpfern, Musizieren – all diese Aktivitäten gehören dazu.

Aktive Unterstützung durch Ruheständler ist gefragt

Wenn Sie selbst nicht zu den Kreativen gehören, aber dennoch ein Theater oder ein privates Museum nicht nur mit dem Eintrittspreis unterstützen wollen, können Sie durchaus Ihre Arbeitskraft anbieten. Kulturbetriebe sind für helfende Hände, die ehrenamtlich oder im Rahmen eines Minijobs tätig sind, sehr dankbar und können gar nicht genug Helfer haben. Menschen im Ruhestand verfügen nicht nur über die notwendige Zeit, sondern über einzigartige Erfahrungen, die man sinnvoll einbringen kann. Wenn Sie mit Holz, Metall, Farbe und Werkzeug umgehen können, starten Sie doch einfach eine späte Karriere, zum Beispiel als Kulissenbauer für ein Kindertheater. Sind Sie gut im Organisieren, helfen

Sie dem Kulturverein bei Formalitäten und der Kommunikation mit Behörden. Für engagierte Menschen finden sich immer Aufgaben, deren Erfahrung und Expertise Gold wert sind. Selbstverständlich gibt es diesen Bedarf nicht nur in den Großstädten. Auch auf dem Land finden sich zahllose kleine, aber häufig sehr feine Museen und Theaterbetriebe, die auf Unterstützung angewiesen und äußerst dankbar dafür sind. Nicht selten sind diese in Form von Vereinen organisiert, weil es anders nicht zu realisieren wäre. Schauen Sie sich einfach mal um, bestimmt gibt es auch in Ihrer Nähe ein Museum oder einen anderen Kulturbetrieb, den es so sonst nirgendwo gibt.

Reiseleiter und Fremdenführer werden

Wenn Sie eine hochgebildete und weit gereiste Persönlichkeit sind, dann können Sie das über viele Jahre (manchmal Jahrzehnte) hinweg gesammelte Wissen für sich behalten – oder andere daran teilhaben lassen. Viele Städte und Gemeinden suchen händeringend nach engagierten und kompetenten Reiseleitern und Fremdenführern. Dazu benötigen Sie keine großartige fachliche Ausbildung.

Viele Experten für die Historie des eigenen Wohnorts sind dies aus Leidenschaft am Hobby geworden. Von der Ahnenforschung über kulturelle Entwicklung, bis hin zu Anekdoten lokaler Berühmtheiten, gibt es viele Felder, in denen Sie als Fachmann oder Fachfrau auftreten können. Haben Sie sich beispielsweise schon immer für die römischen Ruinen im Wald interessiert und können Besuchern viel darüber erzählen? Wissen Sie vielleicht, was es mit dem berüchtigten Scharfrichter aus dem 14. Jahrhundert auf sich hat, der am Stadtrand wohnte? Gerade in Ortschaften, die eine bewegte und gut dokumentierte Geschichte haben, werden Reiseleiter und Fremdenführer ständig gebraucht.

Von wegen müder Nachtwächter

Die Bezeichnung „Nachtwächter“ ist vielerorts eine Beleidigung und zielt darauf ab, dass diese Menschen tagsüber oft zu nichts zu gebrauchen sind. Es gibt jedoch Städte und Gemeinden, in denen Führungen mit Nachtwächtern, die stilecht wie im Mittelalter gekleidet sind und sich auch entsprechend artikulieren, die absoluten Höhepunkte bei Touristen sind. Diese Führungen finden zumeist im Dunkeln statt und bieten die Möglichkeit, alte Gassen und Gebäude in einem ganz anderen Licht zu betrachten. Fast immer lassen sich interessante Anekdoten und Geschichten erzählen, wobei die historische Belegbarkeit nicht grundsätzlich wichtig ist, solange die Rahmendaten stimmen. Wenn Sie gerne mit anderen Menschen interagieren und interessant erzählen können, sind Sie vielleicht genau richtig für die Verkörperung des traditionellen Nachtwächters.

Wenn Sie keine rechte Vorstellung davon haben, was damit gemeint ist, schauen Sie sich im Internet mal nach Videos um. In Rothenburg ob der Tauber gibt es beispielsweise einen sehr beliebten (und inzwischen auch international bekannten) Nachtwächter, der Besucher aus aller Welt fasziniert. Um Letzteres zu schaffen, sollten die Führungen auch mindestens in einer Fremdsprache verfügbar sein. Englisch ist hierbei oft die geeignetste Lösung. Sollten Ihnen diese Kenntnisse fehlen, ist das kein Grund, einen Rückzieher zu machen. Viele Städte beschäftigen deshalb gleich mehrere Nachtwächter. Generell ist es für Reiseleiter und Fremdenführer aber natürlich von Vorteil, mehrere Sprachen zu sprechen.
Neben dem Spaß an der Freude bieten diese Tätigkeiten die Möglichkeit eines kleinen Hinzuverdienstes, denn die Gemeinden

zahlen häufig eine Aufwandsentschädigung. Hinzu kommen Trinkgelder begeisterter Touristen und im Falle der „professionellen" Nachtwächter gibt es häufig sogar DVDs mit der Stadtführung, die man käuflich erwerben kann.

Warum nicht eine neue Sprache lernen?

Nicht nur, wenn Sie vorhaben, als Reiseleiter tätig zu sein, ist es sinnvoll, mehrere Sprachen zu sprechen. Vielleicht hatten Sie früher nie die Zeit dazu, obwohl Sie es immer wollten? Möglicherweise verfügen Sie bereits über Grundkenntnisse, etwa aus der Schule, und möchten diese wieder neu beleben, um auf Reisen besser kommunizieren zu können? Egal, was Ihre Motivation ist, eine neue Sprache kann man auch im fortgeschrittenen Lebensalter durchaus noch erlernen. Hier spielen die modernen Technologien erneut ihre Trumpfkarte aus, denn durch interaktive und innovative Lernprogramme und Apps, die von verschiedenen Anbietern für Sprachkurse verfügbar sind, kann man Sprachen sehr viel effektiver und schneller lernen als nur aus einem Buch. Die computergestützten Programme erkennen nämlich den individuellen Lernfortschritt und können die notwendigen Lektionen gezielt vertiefen. Auch für dieses Vorhaben gilt: Machen Sie sich mit dem Internet vertraut, denn es erleichtert enorm das Lernen.

Lektionen per Video können Sie immer wieder anschauen, bis Sie alles verstanden haben. Und wenn Sie Fragen haben, stehen, je nach Anbieter, interaktive Chats mit Sprachlehrern zur Verfügung. Natürlich ist das in der Regel nicht kostenlos, aber das sind gute Sprachkurse auch offline nicht. Ein guter Einstieg sind unter Umständen Kurse an der Volkshochschule. Hier trifft man darüber hinaus Gleichgesinnte, was das Lernen oft einfacher macht. Überhaupt trauen sich viele Ruheständler nicht, nochmal die Schulbank zu drücken, weil sie sich zu alt fühlen. Das ist jedoch nur törichtes Gerede. Trauen Sie sich – Sie werden erstaunt sein, wie viele ältere Mitbürgerinnen und Mitbürger sich in den entsprechenden Kursen tummeln. Das gilt nicht nur für Sprachkurse, sondern für alle Bildungsangebote. Und sollten Sie dennoch der einzige Teilnehmer aus Ihrer Altersgruppe sein, stören Sie sich nicht daran. Häufig werden gerade solche Menschen von den jüngeren Studierenden sehr herzlich aufgenommen und in die Gemeinschaft integriert. Der Kontakt zu Jüngeren ist dabei ein toller Bonus und eine Erfahrung, die Sie sonst kaum machen könnten.

Studieren: Gehen Sie doch nochmal an die Universität

An diesem Punkt möchte ich gleich zu einem der vielseitigsten Angebote kommen, das man im Ruhestand in Anspruch nehmen kann. Die Bildung haben wir bereits allgemein angesprochen. Aber viele Menschen, die früher nicht dazu gekommen sind, bedauern es, nicht studiert zu haben. Oft hat sich das Leben einfach anders entwickelt, weil man Geld verdienen musste, um den Lebensunterhalt zu bestreiten. Manchmal kam die Familiengründung dazwischen oder andere Faktoren, die den Besuch einer weiterführenden Schule vereitelt haben. Jetzt im Ruhestand ist die Gelegenheit, das nachzuholen. Es spielt dabei keine Rolle, dass Sie einen etwaigen Abschluss vielleicht gar nicht mehr beruflich nutzen können. Aber doch noch ein ehrgeiziges Ziel zu erreichen, ist die Mühe auf jeden Fall wert.

Viele Rentnerinnen und Rentner nutzen die Zeit, sich an einer

Universität einzuschreiben, um ihren Horizont zu erweitern und/oder Gleichgesinnte zu treffen. Von denen gibt es nämlich viel mehr, als Sie vermutlich glauben. Zeigen Sie den Jüngeren, dass man auch in der zweiten Lebenshälfte noch einiges draufhat. Viele Studiengänge sind übrigens auch ohne Abitur belegbar, falls Ihnen diese Voraussetzung fehlen sollte.
Tipp: Oftmals werden bestimmte Berufsausbildungen als gleichwertig angenommen, um den Zugang zum Studium zu ermöglichen. Und wenn es ohne Abi nicht geht, dann machen Sie eben das zuerst nach – an der Abendschule, im Fernkurs oder auf anderem Wege. Nichts kann Sie aufhalten, wenn Sie es nicht zulassen. Was haben Sie zu verlieren? Nur Unwissenheit. Und auf die kann man problemlos verzichten, oder?

Roadtrips – Träume verwirklichen

Zu den beliebtesten Reisevorhaben zählen sogenannte Roadtrips. Dabei fährt man nicht nur zu einem bestimmten Reiseziel, sondern plant eine ganze Reihe von Zwischenstopps, die sich alle auf dem gleichen Weg befinden. Auch Rundreisen mit gleichem Anfangs- und Endpunkt sind natürlich möglich, aber die meisten Roadtrips beginnen an Punkt A und enden an Punkt B. Ein klassisches Beispiel für Roadtrips sind Reisen durch die USA. Hierfür mietet man sich ein Fahrzeug, häufig ein Wohnmobil, und fährt die gewünschte Strecke ab. Der Weg ist dabei das eigentliche Ziel, zum Beispiel das Befahren der berühmten Road 66, die 3.945 Kilometer lang ist und quer durch das Land führt. Motorradfans lieben diese Strecken ebenfalls. Ob Sie nun Ihr eigenes Motorrad mit in die USA nehmen oder dort eines mieten, ist egal und eigentlich nur eine logistische und finanzielle Frage.

Roadtrips müssen nicht viel Geld kosten. Am meisten zahlen Sie vermutlich für die Flüge nach Amerika und zurück. Hotels und Motels können kostengünstig gebucht werden, zumal man meist ja nur eine Nacht bleibt. Außerhalb der Hauptreisezeit muss man die Zimmer nicht einmal vorbuchen, sondern kann spontan entscheiden, wo man Station macht. Eine gute Reiseplanung ist aber dennoch zu empfehlen, etwa zur Klärung der Frage, welche Führerscheine und Versicherungen benötigt werden. Für Roadtrips muss man natürlich nicht unbedingt nach Amerika fliegen, denn auch in Europa gibt es viele interessante Strecken, die man auf diesem Wege erkunden kann.
Tipp: Automobilclubs bieten häufig interessante Reiseführer an, die mit wichtigen Informationen versehen sind. Roadtrips sind sowohl für Einzelgänger als auch für Gruppenreisende bestens geeignet. Dieser Tipp steht oft inmitten der Kultur- und Musikabteilung. Gerade Roadtrips bieten die Möglichkeit, zu kulturell interessanten Zielen zu reisen. Ob es in New York die Broadway-Musicals oder in Las Vegas die großen Bühnenshows bekannter Künstlerinnen und Künstler sind – hier können Sie sich endlich so richtig Ihren Vorlieben widmen.

Noch nie ein Fahrzeug gefahren oder geflogen?

Ihnen fehlt der Führerschein? Dann machen Sie ihn doch einfach. Keine Angst wegen des Alters: Fahranfänger, die erst im Ruhestand die Liebe zu einem Motorrad oder Auto entdecken und erstmals eine Fahrschule besuchen, werden die Prüfung nur dann bestehen, wenn sie geistig und körperlich fit sind. Im Gegensatz zu anderen Verkehrsteilnehmern, die vor 50 Jahren ihren Führerschein gemacht haben und sich seitdem keiner medizinischen oder fahrtechnischen Überprüfung mehr unterzogen haben, stellen späte

Anfänger, statistisch gesehen, ein geringeres Risiko für sich und andere Verkehrsteilnehmer dar. Sollte das Fahren für Sie nichts sein, werden Sie das schon nach wenigen Fahrstunden merken, aber der Versuch könnte sich lohnen.
Etwas höher liegen die Hürden aufgrund der medizinischen Voraussetzungen beim Erwerb eines Flugscheins. Wenn Sie sich fit genug fühlen und schon immer selbst am Steuer sitzen wollten, werden Sie Mitglied in einem Aeroclub, die es vielerorts gibt. Selbst wenn Sie für einen eigenen Flugschein bereits zu alt sind oder körperlich nicht mithalten können, treffen Sie dort viele interessante Menschen und können dem Hobby der Luftfahrt nachgehen. Liegen Ihre Interessen eher auf dem Wasser, machen Sie eben einen Bootsführerschein oder einen Segelschein.

Musik hören, Musik machen

Die Musik spielt für viele Menschen im Leben eine überragende Rolle. Fast jeder hört gerne Musik, unabhängig von der Stilrichtung. Ob Pop, Klassik, Heavy Metal oder Schlager – wenn Ihnen eine bestimmte Musikrichtung gefällt, haben Sie im Ruhestand die einmalige Möglichkeit, endlich alle Konzerte zu besuchen, von denen Sie immer geträumt haben. Das lässt sich natürlich bestens mit dem Reise- und Kulturprogramm verbinden, das ich bereits angesprochen habe. Aber die Musik verdient als komplexes Hobby und Interessengebiet eine eigene Betrachtung. Ob Sie Musik nur hören oder auch selbst machen möchten, liegt selbstverständlich bei Ihnen. Ein Instrument zu lernen (oder auch vorhandene Kenntnisse aufzufrischen) ist ähnlich wie beim Lernen einer Sprache. Dazu ist es nie zu spät. Angebote von Musikschulen gibt es nahezu überall, und auch private Lehrer sind für neue Schülerinnen und Schüler jeder Altersstufe dankbar.

Auch das geht übrigens durchaus online und mit modernen Hilfsmitteln. Gerade bei Übungen zum Spielen von Akkorden an Gitarre oder Klavier gibt es hervorragende Apps für Smartphone und Tablet, die aktiv erkennen, ob Sie die richtigen Töne treffen oder den Takt halten können. Lektionen auf YouTube und anderen Videoplattformen sind ebenfalls hilfreich. Zumindest die Grundkenntnisse kann man so durchaus erlernen oder auffrischen, wenn Sie bereits gewisse Erfahrungen haben.

Instrumente sind teuer – aber nicht unerreichbar

Nun ist es keine Kleinigkeit, sich mal auf die Schnelle ein Klavier anzuschaffen. Neben dem erforderlichen Platzbedarf und der Rücksichtnahme auf eventuelle Nachbarn sind die Kosten für die Anschaffung ein ziemlicher Brocken. Wenn Sie sich noch nicht sicher sind, ob Sie langfristig bei der Sache bleiben werden, sollten Sie das gewünschte Instrument am besten ausgiebig testen. Viele Musikschulen bieten diese Möglichkeit an. Hier können Sie große Instrumente (wie z. B. das Klavier) vor Ort ausprobieren oder kleinere Instrumente ausleihen. Sind Sie sich sicher, das richtige Musikinstrument gefunden zu haben, können Sie dann immer noch entscheiden, ob Sie wirklich eines kaufen möchten. Manche Städte bieten eine sehr günstige Instrumentenausleihe im Rahmen ihrer Bibliotheks- und Kulturangebote an.

Zum Singen braucht man keine weiteren Instrumente

Wenn Sie eine schöne Stimme haben, tragen Sie das beste Instrument bereits mit sich herum. Der große Vorteil ist, dass Sie Ihre Stimmbänder nicht erst kaufen müssen. Training und Ausbildung ist jedoch in fast allen Fällen notwendig, denn selbst als Autodidakt ist es schwierig, die eigene Stimme zu beurteilen. Eine gute Gesangsausbildung kann sehr teuer sein, doch auch hier gibt es kostengünstige Möglichkeiten. Wenn man sich noch nicht sicher ist, ob man das notwendige Talent mitbringt, bieten sich Chöre und Gesangsvereine an, die über Nachwuchs, auch im späteren Lebensalter, immer dankbar sind. Darüber hinaus bieten Musikschulen nicht nur eine Instrumentenausbildung an, sondern in der Regel auch Gesangsunterricht. Egal, auf welche Weise Sie nun dem Hobby Musik frönen möchten: Es kommt nicht darauf an, „Germany's next Superstar" zu werden. Freude am Musizieren zu haben ist die Hauptsache. Allerdings schadet es unter Umständen der Beziehung zu Ihren Familienangehörigen und Nachbarn, wenn Sie so gar kein Talent haben. Achten Sie also bitte auch auf den häuslichen Frieden, wenn Sie musizieren möchten.

Kunst schaffen und nicht nur konsumieren

Wenn Sie an keinem Museum vorbeigehen können, ohne hineinzugehen, dann scheinen Sie sich sehr für Kunst zu interessieren. Ob Bildhauerei, Malerei oder andere künstlerische Aktivitäten - wie bei der Musik können Sie fast alle Tätigkeiten erlernen. Vielleicht möchten Sie Porträts zeichnen, imposante Ölgemälde von Landschaften malen oder sich beim Töpfern und der Bildhauerei verwirklichen? Kurse finden Sie sowohl in Volkshochschulen als auch bei Privatlehrern, die ihre Kenntnisse gerne weitergeben. Wenn Sie keine Schule besuchen möchten, ist das autodidaktische Studium aller Kunstrichtungen durchaus möglich. Mit der entsprechenden Literatur oder mithilfe von Online-Tutorials (Videos lassen sich häufig besser verstehen als statische Abbildungen oder Beschreibungen) können Sie bereits nach kurzer Zeit oft beeindruckende Fortschritte erzielen.

Falls Sie glauben, dass Sie kein Talent haben und keine Kunstwerke erschaffen können - vergessen Sie das. So gut wie jeder Mensch kann künstlerisch und schöpferisch tätig sein. Ob es anderen gefällt, ist dabei ohnehin zweitrangig. Wichtig ist, dass Sie Spaß daran haben. Wie einfach man beeindruckende Bilder pinseln kann, hat der Amerikaner Bob Ross mit seiner populären Maltechnik bewiesen.

Den kennen Sie nicht? Googeln Sie ihn mal. Es ist vielleicht nicht die hohe Kunst und wird von Experten natürlich belächelt, aber beeindruckende Landschaften lassen sich auch ohne großen Aufwand malen. Sie benötigen für jede Form der Kunstausübung oft nur ein Mindestmaß an Ausrüstung. Ein teurer Pinsel ist nicht unbedingt besser als ein billiger, und wenn man damit nicht umgehen kann, wird das Bild so oder so nichts. Wichtig ist, eine solide und sichere Ausrüstung zu haben (insbesondere bei Künsten mit Verletzungsgefahr, weil man mit scharfen oder spitzen Werkzeugen arbeitet). Aber ansonsten tut es oft auch eine günstige Variante. Am Ende sieht man nicht, ob die Zeichnung mit einem günstigen Bleistift oder einem Markenprodukt erstellt wurde.

Fotografie und Film

Kaum ein Hobby ist so vielseitig und inzwischen so günstig zu betreiben wie die Fotografie. Musste man für eine ernsthafte Auseinandersetzung mit diesem Thema früher zwangsläufig eine sehr teure Kamera anschaffen und sich mit Begriffen wie Dunkelkammer und Filmentwicklung befassen, bietet die moderne Digitalfotografie nahezu jedem die Möglichkeit, tolle Fotos zu machen. Natürlich macht es Sinn, sich bei weiterer Vertiefung dieser Beschäftigung auch mit einer Profiausrüstung auszustatten und entsprechende Fotokurse zu besuchen, aber für die ersten Schritte tun es auch einfache Kameras und mittlerweile sogar Smartphones, deren integrierte Kameras immer besser werden. Der große Vorteil der Digitalfotografie liegt auf der Hand: Sie können alles ausprobieren und müssen sich nicht um die Verschwendung von Filmmaterial oder Kosten für die Entwicklung sorgen. Das gilt ebenso für die Nutzung der Videofunktion. Werden Sie zum Filmemacher und lassen Sie Ihre Ideen aus dem Kopf heraus.

Stellen Sie Ihre Kunst aus – online oder offline

Nun werden Sie als unbekannter Künstler bzw. Künstlerin in der Regel keine Galerie finden, die Ihre Kunstwerke unbedingt ausstellen möchte. Auf diese Weise entdeckt zu werden, braucht schon viel Glück und Talent. Aber das muss Sie nicht daran hindern, nach einem größeren Publikum als der eigenen Familie zu fischen. Online haben Sie perfekte Möglichkeiten, das zu tun. Sie könnten beispielsweise eine eigene Webseite einrichten und dort eine virtuelle Galerie erstellen. Oder Sie nutzen ganz einfach Instagram und laden Fotos Ihrer Kunstwerke hoch. Dort bekommen Sie bei der Verwendung der richtigen Hashtags (das sind die Suchbegriffe mit der #Raute) meist sehr schnell Resonanz aus allen Teilen der Welt. Möglicherweise können Sie Ihre Kunst sogar zu Geld machen – dann sollten Sie aber prüfen, ob Sie für Ihre Webseite eventuell eine Gewerbeanmeldung benötigen. Doch auch, wenn es Ihnen nur um die Meinung anderer geht oder Sie Ihre Kunstwerke einfach einem breiten Publikum präsentieren möchten, lohnt sich dieser Weg.

Sport – bleiben Sie fit und aktiv

Körperliche Betätigung ist nicht nur eine sehr befriedigende Freizeitbeschäftigung, sie kommt auch der Gesundheit zugute. Voraussetzung dafür ist jedoch, dass man es nicht übertreibt, keine unnötigen Risiken eingeht und vor allem den eigenen Gesundheitszustand und die Belastbarkeit genau einschätzen kann. Daher der äußerst wichtige Hinweis, der für alle sportlichen Angebote gilt: Sprechen Sie vor der Aufnahme des Trainings mit Ihrem behandelnden Arzt. Auch wenn Ihnen spontan keine Gründe einfallen, die gegen eine bestimmte Sportart sprechen, kann es durchaus sein, dass der Arzt als Experte Einspruch erhebt, weil sich die Betätigung nicht mit bestimmten Medikamenten oder Erkrankungen verträgt. Eventuell können Sie die Sportart unter Berücksichtigung bestimmter Vorsichtsmaßnahmen trotzdem ausüben. Letztlich kann Ihnen das nur Ihr Arzt genau sagen. Sollten Sie eine gewünschte Sportart nicht ausüben können, verzweifeln Sie nicht gleich. Es gibt so viele verschiedene Möglichkeiten, dass bestimmt auch etwas für Sie dabei ist.

Sport ist Mord? Von wegen!

Sofern man diese Vorsichtsmaßnahmen beachtet und es nicht übertreibt, ist Sport eine sehr gesunde Sache. Das Herz-Kreislauf-System profitiert beispielsweise von Ausdauertraining, während Ihr Gleichgewichtssinn und die Muskulatur nachhaltig gestärkt werden. Warum ist das so wichtig? Blutdruck und andere

Faktoren sollten generell immer im Gleichgewicht sein. Wenn Sie gesundheitliche Probleme haben, kann Sport dazu beitragen, Ihre Situation zu stabilisieren oder gar zu verbessern (immer unter dem Vorbehalt, dass Sie sich mit dem Arzt abstimmen). Doch auch ohne Vorbelastungen ist es wichtig, sich im Ruhestand körperlich zu betätigen. Im Alter nimmt die Stärke der Muskulatur generell ab. Insbesondere sind davon die Rumpfmuskulatur und die Körpermitte betroffen.

Dies beeinflusst nicht nur die Anfälligkeit für Rückenschmerzen und für andere Leiden, sondern erhöht auch dramatisch die Gefahr, sich im Alltag zu verletzen. Sicher haben Sie auch schon vom berüchtigten Oberschenkelhalsbruch gehört, der bei älteren Menschen fast immer zu Komplikationen führt. Ein Grund für die Zunahme solcher Verletzungen im Alter ist, dass die Betroffenen das Gleichgewicht schlechter halten können als früher und ihre Muskulatur nicht mehr so schnell reagieren kann. Hinzu kommt, dass aufgrund von Erkrankungen, aber auch durch unzureichende Ernährungsgewohnheiten der Bruch von Knochen begünstigt wird. Dann wieder auf die Beine zu kommen, ist für diese Patienten sehr schwierig und häufig unmöglich. Selbstverständlich können Sie nicht alle Stürze und Unfälle vermeiden. Aber Sie können dafür sorgen, dass Sie Ihren Körper möglichst gut auf alle Eventualitäten vorbereiten.

Nachfolgend kommen wir zu einigen sportlichen Betätigungen, die im Ruhestand bestens umzusetzen sind:

Tennis

Wenn Sie sich noch gut bewegen können und es auch in Zukunft so bleiben soll, ist Tennis eine schöne Sportart, die zudem den Vorteil hat, dass man einen Spielpartner oder eine Spielpartnerin

benötigt. Das bedeutet, dass diese Sportart auch dem Aufbau und Erhalt sozialer Kontakte dient. Tennisclubs finden sich in fast allen größeren Gemeinden und Städten. Die Vereine sind für neue Mitglieder immer dankbar und verfügen häufig über eigene Tennisplätze, die von den Mitgliedern genutzt werden können. Auch Gasttrainings sind normalerweise problemlos möglich. Außer einem Tennisschläger und geeigneter Kleidung bzw. Schuhwerk benötigen Sie keine große Ausrüstung. Leihen Sie sich einen Tennisschläger, wenn Sie noch nicht sicher sind, ob sich die Investition für Sie lohnt. Die Lernkurve ist beim Tennis recht steil, wenn Sie regelmäßig trainieren. Schon bald werden Sie auch an Vereinsturnieren teilnehmen können.
Tipp: Suchen Sie sich einen Verein, der ebenso über Hallen für Indoor-Tennis verfügt. Dann können Sie ganzjährig bzw. bei schlechtem Wetter trainieren, was bei reinen Outdoor-Plätzen nicht möglich ist.

Sport im Kopf – Denksport

Man muss nicht unbedingt körperlich aktiv sein, um den Geist fit zu halten. Wenn Ihnen Denksport schon immer gelegen hat, versuchen Sie es doch mal mit Schach. Dieses „königliche Spiel“ schärft den Verstand und fördert das strategische Denken. Die Regeln sind schnell erlernt, die Finessen des Spiels erfordern jedoch mehr Aufmerksamkeit als nur das Regelwerk zu beherrschen. Sie benötigen natürlich auch einen geeigneten Gegner. Früher blieb Einzelgängern oft nur das Fernschach, also das Schachspiel per Post, bei dem die einzelnen Spielzüge hin- und hergeschickt wurden. So ein Spiel konnte Monate oder sogar Jahre dauern. Dank moderner Technik geht das inzwischen schneller. So können Sie einfach per E-Mail nahezu in Echtzeit Fernschach spielen. Sie können aber auch moderne Schachprogramme am Computer oder am Smartphone nutzen. Diese ersetzen den klassischen Schachcomputer, wenn man keinen Gegner hat. Sie bieten aber fast immer auch die Möglichkeit, online gegen andere Menschen zu spielen. Auf diese Weise können Sie nebenbei sogar neue Kontakte knüpfen.

Workout mit eigenem Körpergewicht

Eine besonders effektive und günstige Möglichkeit, seine eigene Fitness zu verbessern, liegt im Training ohne Geräte. Hierbei wird nur das eigene Körpergewicht eingesetzt. Der Vorteil liegt auf der Hand: Sie müssen weder Mitglied in einem Fitnessclub werden noch teure Geräte anschaffen. Liegestütze können Sie beispielsweise überall machen, wo Sie genügend Platz haben. Effektive Übungen, die den ganzen Körper sowie einzelne Muskelgruppen gezielt stärken, finden Sie sowohl im Internet als auch in Büchern. Erfunden wurde das Konzept von Soldaten, die solche einfachen Trainingsmethoden im Alltag entwickelt haben, wo keine Sportgeräte zur Verfügung stehen. Diese Übungen sind entsprechend effektiv.

Wenn Sie alleine trainieren, sollten Sie sich jedoch genau mit dem richtigen Übungsablauf vertraut machen, was ohne Trainer manchmal schwierig ist. Doch auch Fitnessclubs haben die Marktlücke entdeckt und bieten entsprechende Kurse an. Einmal erlernt, können Sie anschließend problemlos zuhause trainieren. Übrigens kann es Sinn machen, sich ein oder zwei einfache Geräte anzuschaffen, etwa eine Stange für Klimmzüge (die kann ohne Schwierigkeiten im Türrahmen befestigt werden) oder einen mit Sand gefüllten Boxsack. Auch Hanteln helfen dabei, den

Trainingsfortschritt zu erhalten, wenn man durch die Übungen an Gewicht verloren hat. Generell steht aber das Arbeiten mit dem eigenen Körpergewicht im Vordergrund.

Golf

In Deutschland hat Golf immer noch den Ruf, eine Sportart für Besserverdiener zu sein. Und das stimmt leider auch, da die Mitgliedschaft in vielen Golfclubs ziemlich teuer ist. Hinzu kommt die Ausrüstung, denn ein guter Schlägersatz ist nun einmal zwingend erforderlich. Je nach Club müssen Sie zudem bestimmte Kleidungsvorschriften einhalten. Doch es ändert sich gerade viel in diesem Bereich. Da die Sportindustrie Golf als Breitensport etablieren möchte, wie es beispielsweise in den USA üblich ist, wo junge sowie alte Menschen gerne golfen, gibt es mittlerweile günstige Einsteigerlösungen für Schläger und Ausrüstung. Hinzu kommt, dass zahlreiche Vereine ihre Aufnahmegebühren senken und ihre Anlagen für Tagesgäste öffnen.

Golf ist ein sehr entspannender Sport, aber durchaus anstrengend. Die Schläge müssen außerdem exakt ausgeführt werden, um den Ball dorthin zu bekommen, wo man ihn haben will. Das ist anstrengender als man für gewöhnlich annimmt. Wenn Sie zudem auf einen Golfwagen verzichten und die Strecke zwischen den Löchern zu Fuß zurücklegen, ist Golf ein sehr schönes und ausgleichendes Training. Achten Sie aber darauf, zumindest zu Beginn ein paar Golfstunden bei einem Trainer zu nehmen, denn die Verletzungsgefahr ist durch die Schwungbewegungen im Rücken durchaus vorhanden. Wie bei den meisten Sportarten gilt beim Golf besonders, dass Übung den Meister macht.

Schwimmen

Falls Sie schwimmen können, muss ich Ihnen nicht viel darüber erzählen. Gerade zur Verbesserung der allgemeinen Ausdauer ist Schwimmen ein hervorragender Sport. Es geht dabei nicht um die Erzielung von Rekorden, schwimmen Sie einfach ein paar Bahnen und steigern Sie Ihre Kondition. Außerdem können Sie im Wasser sehr gelenkschonend und effektiv Ihre Muskeln stärken. Wichtig ist dabei jedoch, keine Fehler bei den Schwimmbewegungen zu machen, weil manche Fortbewegungsart im Wasser den Rücken und/oder den Nacken stark belasten kann. Probieren Sie auch gern mal Wasser-Aerobic aus. Und glauben Sie nicht, dass das ohne Schwitzen geht, nur, weil man im Wasser trainiert. Wenn Sie Ihren Körper stärken möchten, ist das Training im feuchten Element eine sehr gute Methode. Sollten Sie nicht schwimmen können, suchen Sie sich einfach einen Kurs für Erwachsenenschwimmen. Sie werden überrascht sein, wie viele - auch ältere - Teilnehmer nie gelernt haben, zu schwimmen. Schämen Sie sich also nicht, sondern ändern Sie es.

Rudern

Das Rudern ist eine hervorragende Ausdauer- und Kraftsportart, die nicht nur den Kreislauf in Schwung bringt, sondern auch den Oberkörper sehr effektiv trainiert. Sie können dabei ganz einfach anfangen: Suchen Sie sich einen See, an dem Ruderboote verliehen werden und rudern Sie einfach mal ein paar Runden. Dabei geht es nicht um Geschwindigkeit, sondern erst einmal nur um die Frage, ob Sie sich mit der Sportart anfreunden können. Vielleicht reicht Ihnen diese Form des ruhigen, aber regelmäßigen Trainings schon aus. Falls nicht, können Sie den nächsten Schritt machen und bei einem Ruderverein das wettkampfmäßige Rudern erlernen. Das gestaltet sich etwas anders als im herkömmlichen Ruderboot, macht aber Spaß und bietet die Chance, neue Leute kennenzulernen, die der gleichen Leidenschaft verfallen sind. Wenn Sie lieber alleine trainieren oder keine Gewässer in der Nähe sind, wo Sie regelmäßig rudern können, ist die Rudermaschine (Rudergerät) ein nahezu perfekter Ersatz. Ob im Fitnessclub oder im eigenen Keller – Rudern ist Training für den gesamten Körper.

Tauchen

Tauchen kann faszinierend sein, birgt jedoch echte Gefahren, wenn man es falsch angeht. Daher sollten Sie nie auf eigene Faust und niemals alleine einen Tauchgang unternehmen. Eine sorgfältige Ausbildung inklusive ärztlicher Untersuchung ist zwingende Voraussetzung. Fehler verzeiht dieser Sport nicht, dafür entschädigt er mit einzigartigen Erlebnissen, insbesondere in Gewässern, in denen klare Sicht auf die Unterwasserwelt herrscht. Erste Schnupperkurse lassen sich häufig im Urlaub absolvieren. Achten Sie aber bitte unbedingt darauf, solche Vorhaben zuerst mit Ihrem Arzt zu besprechen.

Angeln

Weniger gefährlich dagegen ist das Angeln. In Deutschland benötigen Sie dafür eine Erlaubnis. Je nach Bundesland sind die Regeln unterschiedlich. Manchmal können Sie einfach bei der Gemeinde einen Angelschein beantragen, in den meisten Fällen ist inzwischen jedoch eine Prüfung zum Nachweis der Sachkunde notwendig. Haben Sie die Erlaubnis, ist Angeln ein sehr entspannender

Sport, auch wenn Sie gar keinen Fisch mögen. Es geht weniger darum, viel zu fangen (obwohl das eine starke Motivation bis hin zum Wettkampf mit anderen Anglern sein kann), sondern eher um die nahezu meditative Ruhe dieser Beschäftigungsform. Für die Ausrüstung müssen Sie gerade zu Beginn als Gelegenheitsangler nicht viel investieren – günstige Einsteigersets mit allem, was man zum Start benötigt, gibt es manchmal sogar beim Discounter zu kaufen. Erst, wenn Sie den Angelsport ernsthafter betreiben möchten, ist eine teurere Ausrüstung von hoher Qualität zu empfehlen. Letztlich reicht aber auch ein Stock mit einer Schnur und einem Haken, um Fische zu fangen.

Wandern

„Das Wandern ist des Rentners Lust“: Viele Menschen nutzen im Ruhestand ihre neu gewonnene Freizeit dazu, längere Strecken zu wandern. Ob im Urlaub in den Alpen oder daheim beim regelmäßigen Wandern durch den örtlichen Wald – wo Sie dies tun, ist eigentlich egal.
Wichtig sind zwei Dinge: Überschätzen Sie Ihre Kräfte nicht, denn Sie müssen auch immer wieder zurücklaufen (außer bei Rundkursen, aber auch die sollten nicht länger sein als die eigene Kondition erlaubt). Der zweite Punkt liegt bei der Ausrüstung. Zum Wandern benötigt man nicht viel, aber gutes Schuhwerk ist unverzichtbar. Investieren Sie deshalb in gute Wanderschuhe und achten Sie darauf, diese vor dem ersten echten Einsatz ordentlich einzutragen. Die Schuhe müssen sich an den Fuß anpassen und das kann eine Weile dauern. Wer mit nagelneuen Schuhen losläuft, handelt sich mit ziemlicher Sicherheit sehr schnell unangenehme Blasen ein. Ein Wanderstock ist nicht zwingend notwendig, aber

gerade beim Wandern im Gebirge eine große Hilfe, um die Gelenke zu schonen, vor allem, wenn es bergab geht, denn hier wirken auf die Knochen und Gelenke enorme Kräfte. Steigern Sie sich langsam, aber regelmäßig. Schon bald werden aus drei Kilometern dreißig – und je mehr Sie schaffen, desto mehr Spaß macht es am Ende. Es ist eine der Sportarten, die Sie sowohl alleine als auch in der Gruppe hervorragend umsetzen können.

Laufen und Gehen

Vom Wandern ist es ein kleiner Schritt zum Gehen und Laufen. Worin liegt der Unterschied? Er bezieht sich auf die Geschwindigkeit.
Das Gehen im sportlichen Sinne bedeutet, dass Sie sich schneller bewegen als beim Wandern, aber langsamer als beim Laufen (oder Joggen). Das Schöne beim Gehen (auch „Walking“ genannt) ist, dass Sie die Geschwindigkeit der eigenen Ausdauer problemlos anpassen können. Erfolge stellen sich bereits nach kurzer Zeit ein, weil die Kondition sehr schnell zunimmt. Übertreiben Sie es aber nicht. Besonders beim Gehen oder Laufen auf Straßen und asphaltierten Wegen ist es wichtig, die Gelenke (hier besonders die Knie) nicht zu stark zu belasten. Wie beim Wandern ist das richtige Schuhwerk sehr wichtig. Kaufen Sie nicht irgendwelche Turnschuhe, sondern lassen Sie sich von Fachleuten in Sportgeschäften beraten. Hier können Sie häufig eine Computeranalyse durchführen lassen, um zu ermitteln, welche Art Schuhe für Sie perfekt ist.

Marathon

Sollte das Laufen für Sie irgendwann zu einer Art Sucht werden und Sie sich immer weiter steigern wollen, ist als Fernziel ein Marathon durchaus nicht unrealistisch. Sie werden als Ruheständler sicher keine neuen Weltrekorde aufstellen, doch beim Marathon geht es in erster Linie darum, das Ziel überhaupt zu erreichen. Das geht allerdings nicht von heute auf morgen und sollte von einem erfahrenen Trainer begleitet werden, der das Trainingspensum entsprechend Ihres Fortschritts langsam nach oben anpasst.
Setzen Sie sich also realistische Ziele. Der Halbmarathon wäre so ein Ziel, das bereits nach einigen Monaten konsequenten Trainings zu erreichen ist. Der volle Marathon ist dann die nächste Stufe. Reicht Ihnen auch das nicht, ist vielleicht sogar der Triathlon etwas für Sie. Hier geht es dann nicht mehr nur ums Laufen, sondern auch um eine Schwimmdistanz sowie Radfahren. Das ist aber wirklich nur etwas für besonders gut trainierte Sportler, die ihre Kräfte genau einteilen können.

Radfahren

Radfahren zählt im Ruhestand zu den beliebtesten Freizeitbeschäftigungen. Es geht nicht zwangsläufig darum, sich besonders sportlich zu betätigen, denn für viele Menschen ist das Fahrrad vor allem ein Fortbewegungsmittel. Als netten Nebeneffekt bekommen Sie dadurch aber auch ein regelmäßiges Training, das Sie fit hält. Tragen Sie aber bitte immer einen Helm, denn der Straßenverkehr ist alles andere als ein sicheres Pflaster für Radfahrer. Ob Sie gemütlich mit einem City-Bike durch die Stadt fahren oder mit einem Rennrad über die Landstraße fegen, ist egal. Auch das Mountainbiking ist für ältere Menschen durchaus noch machbar. Welche Art Radfahren für Sie am geeignetsten ist, finden Sie nur durch Ausprobieren heraus. Damit Sie nicht gleich in ein teures Fahrrad investieren müssen, das gar nicht zu Ihnen passt, vereinbaren Sie Probefahrten bei einem Fahrradhändler. Beim Autokauf machen Sie das schließlich auch.

Noch ein Wort zu E-Bikes und Pedelecs: Diese Fahrräder verfügen über eine Unterstützung in Form eines elektrischen Antriebs, mit dem Sie Steigungen oder längere Strecken problemlos bewältigen können. Allerdings lassen sich hiermit auch relativ hohe Geschwindigkeiten erzielen. Häufig wird diese Geschwindigkeit von Senioren auf Fahrrädern unterschätzt, was zu schweren Stürzen und Unfällen führen kann. Tasten Sie sich also vorsichtig an die Möglichkeiten Ihres E-Bikes heran. Solche Modelle sind vergleichsweise teuer, was an den Akkus liegt. Eine solche Investition will deshalb gut überlegt sein.

„Elder Skatesman" werden – auf Rollschuhen skaten

Ob klassisch auf Rollerskates oder mit Inlinern – das Rollschuhlaufen haben Sie vielleicht schon als Kind gelernt, als es die neumodischen Varianten noch gar nicht gab. Obwohl diese Aktivität ein erhöhtes Verletzungsrisiko mit sich bringt, kann man das Skaten aber durchaus auch im höheren Lebensalter noch kultivieren. In Berlin gibt es beispielsweise eine Gruppe von älteren Damen und Herren, die sich, in Anlehnung an die englische Variante des alten Staatsmannes, den Titel „Elder Skatesmen" ausgedacht haben. Es handelt sich vorwiegend um Menschen, die zum Höhepunkt der Roller-Disco-Welle Ende der 70er und Anfang der

80er Jahre aktiv waren und heute wieder die Liebe zum Skaten entdecken. Das können Sie sicher auch – und wenn Ihnen das Rollern liegt, umso besser. Achten Sie aber bitte darauf, nur mit einer geeigneten Schutzausrüstung unterwegs zu sein. Im Winter können Sie analog dazu auf Schlittschuhe ausweichen. Auf natürlichen Eisbahnen ist es in Mitteleuropa inzwischen schwierig, weil im Winter kaum noch die Gewässer ausreichend zufrieren, doch Eissporthallen gibt es in den meisten größeren Städten.

Skifahren – Langlauf, Abfahrt und mehr

Skifahren ist eine sehr schöne Betätigung an der frischen Luft, wobei es mittlerweile auch tolle Skisport-Hallen im Flachland gibt. Wenn Ihnen Abfahrten zu rasant und zu gefährlich sind, versuchen Sie es doch mal mit Langlauf. Diese Ausdauersportart hat große Parallelen zum Nordic Walking und lässt sich fast überall durchführen – notfalls auch ohne Schnee auf Rollen. Skischulen für ältere Menschen gibt es in den großen Skigebieten inzwischen ebenfalls. Und wenn es nur dem Zweck dient, sich nachher beim Après-Ski besser kennenzulernen, ist das genauso in Ordnung.

Fußball – die „Heilige Kuh"

Natürlich können wir nicht über Sport reden, ohne den Fußball erwähnt zu haben. Es ist schließlich die populärste Sportart in Deutschland und hat entsprechend viele Fans. Wenn Sie selbst nicht nur ein Fan sind, sondern das Ballspiel auch aktiv ausüben möchten, können Sie dies in vielen Seniorenmannschaften tun, die mittlerweile in zahlreichen Vereinen existieren und durchaus

noch das eine oder andere tolle Tor vorweisen können. Sollten Sie sich sehr gut mit den Regeln auskennen und sich eher als Schiedsrichter sehen, legen Sie die Schiedsrichterprüfung ab. Gerade bei Nachwuchsspielen mangelt es häufig an qualifizierten und engagierten Schiedsrichtern. Das gilt ebenso für Trainer.
Kurzum: Rund um den Fußball gibt es viele Tätigkeiten, mit denen Sie sich aktiv oder passiv für Ihren örtlichen Lieblingsverein einbringen können. Generell ist dies in fast allen Bereichen der Sportvereine möglich. Es spielt also letztlich keine Rolle, ob Sie sich für Fußball, Handball, Basketball, Volleyball oder Tischtennis interessieren. Die meisten Sportvereine haben genügend Abteilungen, in denen man sich engagieren kann.

Yoga

Viele Menschen unterschätzen die fernöstliche Bewegungsgymnastik namens Yoga, denn was bei Könnern so einfach wirkt, ist für Anfänger harte Arbeit. Die richtigen Positionen einzunehmen und zu halten, erfordert ein hohes Maß an Körperbeherrschung. Yoga trainiert viele Muskelgruppen, die Sie sonst nicht ohne Weiteres aktiv stimulieren können. Die Stärke von Rücken, Rumpf und Gleichgewichtssinn wird erhöht und das Körperbewusstsein steigt. Einmal erlernt, können Sie Yoga nahezu überall durchführen, wo Sie genug Platz für Ihre Yogamatte finden.

Tai Chi

Diese chinesische Gymnastik folgt, ähnlich wie Yoga, meditativen Ansätzen, basiert jedoch auf alten Kampftechniken des Kung Fu.

Obwohl Tai Chi nicht mehr für den aktiven Einsatz als Kampfkunst geeignet ist, können Sie damit effektiv den Geist und Körper zugleich trainieren. Tai Chi wird in Asien häufig in großen Gruppen in Parks durchgeführt, was die Angelegenheit zu einem sozialen Erlebnis macht. Auch in Deutschland treffen sich in Großstädten immer mehr Menschen zu Tai Chi-Kursen.

Kampfkunst und Kampfsport

Dieses sehr breite Feld lässt sich nur schwierig in Kürze behandeln. Zu den Kampfkünsten und Kampfsportarten zählen Judo, Karate, Kung-Fu oder auch Thaiboxen bzw. Kickboxen. Unterscheiden müssen Sie allerdings strikt zwischen Kampfkunst und Kampfsport. Beim Kampfsport gibt es ein klares Regel- und Wettkampfsystem, die Kämpfe sind nur symbolisch. Geht es Ihnen eher um den praktischen Nutzen in Form einer Selbstverteidigung auf der Straße, sollten Sie hingegen eine Kampfkunst erlernen. Der Überlebensgedanke steht im Vordergrund, weswegen es keine Regeln im eigentlichen Sinne gibt. Beispiele für effektive und interessante Kampfkünste sind Wing Chun (manchmal auch Wing Tsun geschrieben), eine Variante des Kung-Fu, oder das israelische Krav Maga, das für den militärischen Einsatz optimiert wurde. Trotz seiner Ausrichtung als Selbstverteidigungsmittel lässt sich speziell Wing Chun sogar noch im hohen Alter erlernen und perfektionieren. Wing Chun wurde vor Jahrhunderten von einer Frau entwickelt, die sich und andere vor den Übergriffen der Shaolin-Kämpfer schützen wollte. Es geht dabei nicht um akrobatische Sprünge oder darum, dass Sie einen Salto beherrschen. Vergessen Sie bitte alles, was Sie aus Spielfilmen zum Thema Kampfkunst gelernt haben, denn das ist nahezu alles kompletter Unsinn.

Behindertensport fördern und gestalten

Ein häufig vernachlässigter Bereich ist der Behindertensport. Allzu oft werden Menschen mit Behinderungen schon als Kinder von der Teilnahme am Sport ausgeschlossen. Bei diesem Thema fällt den meisten spontan allenfalls Basketball im Rollstuhl ein. Aber so vielfältig wie die Nichtbehinderten sind Behinderte schon lange – samt ihren unterschiedlichen Behinderungen. Gerade im Ruhestand werden Sie aufgrund ihrer Lebenserfahrung vermutlich schon mit Menschen in Kontakt gekommen sein, die eine Behinderung haben. Vielleicht haben Sie sogar selbst eine Behinderung – egal, ob durch Krankheit, Unfall oder seit der Geburt. Warum sollte diese Gruppe von Mitbürgern nicht am Sport teilhaben? Wenn es in Ihrem Ort noch keine entsprechende Initiative gibt, könnten Sie dies zum Anlass nehmen, den Behindertensport in Ihrer Gemeinde zu fördern und zu gestalten. Wenn nicht genügend Teilnehmer zusammenkommen, um eine Mannschaft zu bilden, fragen Sie in benachbarten Ortschaften nach oder bilden Sie gemischte Teams mit Nichtbehinderten. Ausreden gibt es viele, aber keine, die wirklich stichhaltig sind. Wichtig dabei ist jedoch, dass Sie stets MIT den Behinderten nach Lösungen suchen sollten und niemals über deren Köpfe hinweg. Denn es gilt: Gut gemeint ist noch lange nicht gut gemacht.

Ehrenamt: Mitmenschen helfen und Kontakte knüpfen

Der letzte Punkt beim Thema Sport hätte ebenso gut in diese Rubrik gepasst. Engagement für Mitmenschen ist nicht nur sehr befriedigend, sondern geht über den reinen Aspekt der Freizeitgestaltung hinaus. Bringen Sie sich ein und lassen Sie andere an Ihrer Erfahrung teilhaben. Damit können Sie nicht nur anderen Menschen helfen, die gerade ein bestimmtes Problem lösen müssen, sondern erweitern auch Ihren eigenen sozialen Horizont – und darauf kommt es vielen Ruheständlern besonders an. Das Ehrenamt ist ein wichtiges Stichwort dafür, denn Bedarf für engagierte Bürger gibt es überall. Dafür gibt es im Gegenzug viel Respekt, Anerkennung und Dankbarkeit, allerdings eher selten Geld, wie das beim Ehrenamt so ist. Hin und wieder werden Tätigkeiten zwar mit einer Aufwandsentschädigung vergolten, doch beim Ehrenamt geht es um den Dienst an der Gemeinschaft und nicht um einen Nebenverdienst. Stellen Sie nur sicher, dass Sie Ihre eigenen Bedürfnisse nicht vergessen und Ihre Kräfte nicht überstrapazieren, denn nur wer fit bleibt, kann anderen helfen.

Kirchengemeinde

Selbst wenn Sie keiner Religionsgemeinschaft angehören oder aus einer ganz anderen kulturellen oder religiösen Ecke kommen, können Sie sich trotzdem in vielen Kirchengemeinden engagieren. Organisationen der Kirchen kümmern sich ehrenamtlich um viele Projekte und haben stets Bedarf an Menschen mit Lebenserfahrung und beruflichen Qualifikationen, die man sinnvoll nutzen kann. Ob Sie als Handwerker bei der Renovierung der Gemeindebibliothek helfen oder anderen bei der Steuererklärung assistieren, ist egal. Vom ehemaligen Anwalt bis zum Zoodirektor findet sich fast immer eine sinnvolle Tätigkeit. Auch ganz ohne formale Qualifikation können Sie in Gemeinden hilfreich mitarbeiten. Viele Menschen brauchen einfach nur jemanden, der ihnen zuhört, sie zum Einkaufen fährt oder andere Aktivitäten organisiert.

Schuldnerberatung

Immer mehr Menschen geraten in Zahlungsschwierigkeiten, weil sie sich überschuldet haben. Insbesondere ältere Menschen sind davon überdurchschnittlich oft betroffen. Vieles davon lässt sich jedoch im Rahmen einer guten Schuldnerberatung klären, denn so manche hohe Zahlungsforderung ist am Ende gar nicht begründet. Beim Weg aus den Schulden heraus sind Schuldnerberatungen auf ehrenamtlicher Basis sehr wichtig, da sich viele keine professionellen Dienstleister und Finanzberater leisten können. Hier können Sie Ihre Erfahrungen aus dem beruflichen und privaten Leben bestens einbringen.

Die Tafeln unterstützen

Sozial schwächer gestellte Menschen kommen mit ihrem Einkommen oft nicht aus. Dazu muss man kein Obdachloser sein. Wenn die Rente nicht reicht oder die Großfamilie einfach in Geldnöten ist, sind die gemeinnützigen Tafeln oft die letzte Anlaufstelle, um günstige Lebensmittel zu bekommen. Diese werden von Händlern, Restaurants und Supermärkten gespendet, wenn das Mindesthaltbarkeitsdatum erreicht ist. Obwohl die meisten

Waren dann noch einwandfrei für den Verzehr geeignet sind, bleiben sie häufig im Regal liegen, bis sie entsorgt werden müssen. Die Tafeln nehmen diese Waren gerne und verteilen sie gerecht an die bei ihnen registrierten Menschen. Für die Organisation des Warenverkaufs, den Transport und viele weitere Tätigkeiten sind die Tafeln auf Hilfe angewiesen. Hier können Sie einen sehr sinnvollen und nützlichen Beitrag leisten.

Flüchtlingshilfe

Auch wenn die Flüchtlingszahlen nicht immer so dramatisch hoch ausfallen wie im Jahr 2015, gibt es an vielen Stellen Bedarf an ehrenamtlichen Mitarbeitern und Mitarbeiterinnen, die sich für Geflüchtete engagieren. Besonders gefragt sind Personen mit Sprachkenntnissen. Häufig sprechen Geflüchtete Englisch oder Französisch, aber kein Deutsch. Eventuell verfügen Sie ja auch über weitere Sprachkenntnisse, die Sie zum Spezialisten machen. Jeder Gang zum Amt oder die allgemeine Kommunikation wird durch Übersetzer deutlich erleichtert. Missverständnisse können so vermieden und Abläufe beschleunigt werden.

Nachbarschaftshilfe

Vielleicht hatten Sie ja selbst schon einmal das Problem, dass Sie bei einer bestimmten Sache Hilfe benötigt haben. Vielerorts ist die Nachbarschaft durch einen häufigen Wechsel von Mietern eine sehr anonyme Angelegenheit geworden. In diesem Fall könnten Sie die Initiative ergreifen und einen Nachbarschaftsverein ins Leben rufen, in den sich alle einbringen und gegenseitig helfen. Ältere Mitbürger haben beispielsweise oft das Problem, dass sie die Straßenreinigung und den Winterdienst nicht mehr selbst bewältigen können. Stellen Sie die Mülltonnen für andere an den Straßenrand und wieder zurück. Helfen Sie im Garten oder führen Sie kleinere Reparaturen durch. Egal, ob Sie das ehrenamtlich oder in Form eines kleinen Hausmeisterdienstes organisieren – langweilig wird Ihnen damit nicht. Sehr beliebt ist übrigens, nicht nur zu Zeiten einer Virus-Quarantäne, der Einkaufsdienst. Gerade Artikel wie Getränkekisten etc. kann nicht mehr jeder aus eigener Kraft die Treppe hochtragen. Anregungen finden Sie überall.

Babysitter oder Großelternersatz

In den Großstädten wohnen sehr viele alleinerziehende Elternteile, die keine Anbindung an die eigene Familie mehr haben. Das bringt nicht nur organisatorische Probleme mit sich, weil diese Eltern ständig auf Hilfe durch Babysitter angewiesen sind, sondern sorgt oft auch für ein zwischenmenschliches Defizit. Wenn Sie selbst bereits Erfahrung als Babysitter haben oder sich als eine Art Großelternersatz für die Betreuung oder Hausaufgabenhilfe anbieten möchten, hilft das beiden Seiten. Ganz unproblematisch ist das allerdings nicht. Wenn Sie diese Dienste gewerblich anbieten, das heißt gegen Geld, muss das, wie bei allen Nebenverdiensten, seinen geregelten Gang gehen. Als reiner Freundschaftsdienst, bei dem kein Geld fließt, ist das etwas anderes. Doch vergessen Sie auch nicht, dass man seine Kinder nicht einfach irgendwelchen Fremden anvertraut. Es ist daher schwierig, ohne jede Referenz als Babysitter oder Oma bzw. Opa vom Dienst den Anschluss zu finden. Bieten Sie Ihre Dienste zunächst im Bekanntenkreis an, wo man Sie bereits einschätzen kann. Funktioniert das gut, lassen Sie sich ruhig Referenzen ausstellen, damit andere Eltern sich gut aufgehoben fühlen. Nicht zuletzt können Sie auch

Vermittlungsdienste nutzen, die genau auf solche Fälle spezialisiert sind.

Haustiere versorgen

Sowohl im Rahmen einer reinen Nachbarschaftshilfe als auch in Form eines cleveren Geschäftsmodells können Sie die Haustiere anderer Menschen versorgen. Tiere sind eine tolle Sache, aber sie hindern Menschen häufig daran, in den Urlaub zu fahren oder auch nur ein Wochenende woanders zu verbringen. Vom Fisch im Aquarium über die Katze bis hin zum Hund oder Pferd muss man sich verantwortungsvoll um diese Geschöpfe kümmern. Bieten Sie Ihren Nachbarn und anderen Mitmenschen einen Haustierservice an. Führen Sie Hunde aus, füttern Sie die Fische, bringen Sie die Katze zum Tierarzt – was auch immer an Dienstleistungen benötigt wird, können Sie anbieten. Die Voraussetzung ist natürlich, dass Sie gerne mit Tieren umgehen und keine Allergien oder ähnliche Einschränkungen dagegensprechen.

Sich verwaisten Tieren widmen

Es sind zwar keine Mitmenschen, aber auch Tiere sind häufig auf unsere Hilfe angewiesen. Tierheime und andere Organisationen kümmern sich um solche Geschöpfe, die aus den unterschiedlichsten Gründen in Notsituationen geraten sind. Manchmal werden sie einfach ausgesetzt, oft stirbt der Besitzer nach vielen Jahren und lässt das Tier herrenlos zurück. Nun sollen Sie natürlich kein privates Tierasyl in der Mietwohnung eröffnen, denn das wäre auch nicht im Sinne des Tierwohls. Aber je nach Ihren räumlichen oder zeitlichen Möglichkeiten können Sie sich auf die unterschiedlichste Weise sinnvoll einbringen. Und wer weiß, vielleicht kommen Sie dadurch ja auch selbst zu einem neuen Hausgenossen. Wichtig ist nur, dass Sie die Entscheidung für einen Hund, eine Katze oder „nur“ für einen Goldhamster mit Sorgfalt treffen, denn es handelt sich um Lebewesen. Ist das Tier erst einmal angeschafft, müssen Sie sich darum kümmern. Im Gegenzug bekommen Sie von den Fellnasen viel Liebe zurück, die Sie automatisch auf Trab halten. Denn wer einen Hund regelmäßig Gassi führen muss, hat keine Zeit, auf der Couch zu faulenzen.

Aktivitäten in und mit der Natur

Dieser Themenbereich ist sehr umfangreich und kann nicht einmal ansatzweise vollständig behandelt werden, zumal sich manche Aspekte auch mit anderen Aktivitäten überschneiden. Wer beispielsweise gerne wandert, ist in der Regel auch ein Naturfreund. Wenn Sie die Natur nicht nur genießen, sondern auch schützen möchten, gibt es eine Vielzahl an interessanten Hobbys, die auf Sie warten.

Vogelbeobachtung

Haben Sie sich schon öfter gefragt, was für ein Vogel da im Gebüsch sitzt und zwitschert? Vielleicht wissen Sie das eine oder andere ja noch aus Ihrer Schulzeit oder Sie besitzen eventuell Kenntnisse in Ornithologie (Vogelkunde)? Ob Sie solche Kenntnisse auffrischen, weitergeben oder erst selbst erwerben müssen, ist gleichgültig. Die Vogelwelt hat sehr viel Abwechslung zu bieten – und das fast das ganze Jahr über. Viele Naturschutzorganisationen sind sehr dankbar für Freiwillige, die regelmäßig den Zug der Vögel protokollieren und Zählungen vornehmen. Auf diese Weise lassen sich Bewegungsprofile erstellen, aus denen man Änderungen im Verhalten der Vögel als Antwort auf den Klimawandel ableiten kann. Doch auch, wenn Sie einfach nur privat mit dem Fernglas im Gebüsch sitzen möchten und Vögel beobachten, ist das völlig in Ordnung. Genießen Sie, was die Natur zu bieten hat. Gerade unsere gefiederten Freunde sind besonders interessant.

Insektenforschung

Sie dienen zumeist als Futter für die Vögel, sind aber nicht weniger interessant. Das Beobachten von Insekten ist äußerst spannend, wenn man sich darauf einlässt. Ameisenstaaten, Bienenvölker oder der einfache Mistkäfer auf dem Boden des eigenen Gartens – hier wartet ein Mikrokosmos darauf, von Ihnen erforscht zu werden. Literatur und Hilfsmittel gibt es viele – und dieses Hobby kann wirklich süchtig machen. Vielleicht möchten Sie ja auch gleich eine Karriere als Imker starten? Das eigene Bienenvolk bringt neben viel Arbeit auch viel Freude und als netten Nebeneffekt den eigenen Honig, den Sie entweder selbst verbrauchen oder sogar verkaufen können. Wenn Sie sich entsprechendes Fachwissen angeeignet haben, können Sie in Schulen und Kindergärten anfragen, ob Lehrer mit ihren Schulklassen mehr über Ihre Bienen (oder andere Insekten) erfahren möchten.

Botanik

Im Wald, auf dem Feld und in weiter Flur gibt es unzählige Pflanzen. Wenn Sie sich für die Natur begeistern können, ist die Erforschung der heimischen Botanik ein anderes ausfüllendes Hobby. Natürlich lassen sich Botanik, Ornithologie, Insektenforschung und das Interesse für die restliche Flora und Fauna durchaus miteinander kombinieren. Wird es Ihnen in der heimischen Botanik zu langweilig, weil Sie schon alles gesehen haben, setzen Sie Ihre Studien doch einfach auf Reisen fort. Vielleicht können Sie ja auch einen eigenen Garten mit einer Streuobstwiese oder anderen Bäumen anlegen, die Sie hegen, pflegen und abernten können.

Als kleiner Obstbauer oder Besitzer eines Weinbergs können Sie außerdem eigene alkoholische Getränke produzieren – natürlich unter Berücksichtigung der gesetzlichen Regelungen.

Kleingarten anlegen

Im Ruhestand hat man oft die Zeit, die früher gefehlt hat, um bestimmte Hobbys umzusetzen. Wenn Sie schon immer einen Kleingarten haben wollten, ist jetzt der richtige Zeitpunkt. Allerdings kann es schwierig werden, eine geeignete Parzelle zu finden, denn die Schrebergärten der Nation haben in nahezu allen Städten sehr lange Wartelisten, sind äußerst begehrt und obendrein nicht unbedingt günstig. Auf dem Land sieht das schon anders aus, hier bekommt man einfacher einen Zugang zum Kauf oder der Pacht eines kleinen Gartens, den man dann nach Herzenslust gestalten kann (sieht man von möglichen Einschränkungen der Kleingartenordnung ab). Ob Sie sich auf Zierpflanzen oder Nutzpflanzen fokussieren, bleibt Ihnen überlassen.
Tipp: Wenn gar nichts geht und Sie in der Großstadt festsitzen, verzagen Sie nicht. Selbst im Blumenkasten auf dem Balkon oder am Küchenfenster können Sie, wenn auch nur im kleinen Rahmen, tolle Ergebnisse erzielen. Züchten Sie neue Chilipflanzen oder bauen Sie Tomaten an. Irgendetwas geht so gut wie immer.

Bonsai

Eigentlich gehört diese Kategorie auch zum Thema Garten, aber Bonsais lassen sich eben auch besonders gut in Innenräumen kultivieren. Die japanischen Minibäume wurden lange Zeit als genetische Spezialzüchtungen angesehen, aber letztlich handelt es sich um ganz normale Bäume, denen nicht erlaubt wurde, größer zu werden, indem man sie immer wieder zurückgeschnitten hat. Nach langer Zeit wird ein solcher Baum schließlich zu einer Miniaturausgabe des großen Vorbildes. Günstige Bonsais, die Sie erst noch zur vollen Entfaltung ihrer Pracht bringen müssen, erhalten Sie schon für relativ wenig Geld in jedem Gartencenter. Die entsprechende Literatur mit Anleitungen, Werkzeug und allem, was man zum Thema Bonsai wissen muss, gibt es sowohl als Videos im Internet als auch klassisch in Buchform. Die richtig edlen und teuren, oft viele Jahrzehnte alten Bonsais von Meisterhand sind kaum bezahlbar – und wenn Sie in ein solches Gewächs investieren, sollten Sie auch genau wissen, was Sie tun. Daher: Fangen Sie am besten klein an (im wahrsten Sinne des Wortes) und schaffen Sie Ihr eigenes Meisterwerk, von dem man am ehesten lernen kann.

Handwerk und Haushalt

Vielleicht haben Sie einen handwerklichen Beruf ausgeübt und sind auf Ihrem Fachgebiet besonders versiert. Oder sind Sie schon immer ein begeisterter Heimwerker mit eigener Werkstatt im Keller, der Garage etc.? Dann muss ich Ihnen nicht viel darüber erzählen, was Sie alles mit diesen Fähigkeiten anfangen können. Hatten Sie jedoch bisher nicht viel Zeit oder Muße, sich mit Werkzeug und Arbeiten im Haushalt zu beschäftigen, sind die folgenden Anregungen für Sie bestimmt interessant.

Heimwerker – die Universalwaffe für alle Reparaturen

Sowohl im Einfamilienhaus als auch im Rahmen einer größeren Hausgemeinschaft gibt es immer wieder Bedarf für kleinere Reparaturen. Zunächst werden Sie sicher nur im eigenen Haushalt tätig sein, aber vielleicht bieten Sie auch den Nachbarn Ihre Hilfe an. Man muss nicht für jede Kleinigkeit den Vermieter einschalten, zumal dann die Wartezeit bis zur Behebung kleinerer Defekte sehr lang ausfallen kann. Wenn ein Heizungsventil hängt, hilft häufig ein beherzter Schlag mit dem Hammer. Wenn die Haustür nicht richtig schließt, tut es meist ein Tropfen Öl. Als Heimwerker können Sie sich viele Fähigkeiten aneignen und den Spaß am Tüfteln entdecken. Gutes Werkzeug ist dafür Voraussetzung. Da diese Anschaffung ziemlich teuer werden kann, sollten Sie sich (sofern Sie noch kein Werkzeug besitzen) eine Grundausstattung

zulegen und diese Zug um Zug erweitern. Sie müssen nicht für jede Arbeit ein Spezialwerkzeug besitzen, denn das kann man sich bei einmaligem Bedarf auch im Baumarkt oder bei anderen Heimwerkern ausleihen.
Aber Vorsicht: Von manchen Arbeiten sollten Sie generell die Finger lassen, wenn Sie kein ausgebildeter Fachmann (oder auch Fachfrau) sind. Bei Fällen, in denen Sie bei anderen Leuten etwas reparieren, müssen Sie sich über die Haftungsfrage im Klaren sein. Einige Reparaturen sind komplett tabu, etwa Arbeiten an Wasserrohren oder elektrischen Installationen, weil diese nur von Fachpersonal ausgeführt werden dürfen. Wenn hier etwas schiefgeht, drohen hohe Sachschäden und manchmal auch Personenschäden – das sollten Sie unter keinen Umständen riskieren.

Hilfe beim Renovieren gefragt?

Gerade ältere Leute haben Probleme, ihre Wohnungen regelmäßig zu renovieren. Oft ist es einfach zu teuer, alles von Fachfirmen erledigen zu lassen. Wenn Sie sich mit dem Streichen von Decken und Wänden sowie dem Tapezieren auskennen, bieten Sie doch einfach mal Ihre Hilfe an. Bei all diesen und ähnlichen handwerklichen Tätigkeiten müssen Sie allerdings darauf achten, dass aus der Nachbarschaftshilfe oder dem Freundschaftsdienst keine gewerbliche Tätigkeit entsteht. Nehmen Sie also (abgesehen von Aufwandsentschädigungen für Material oder Fahrtkosten zum Baumarkt) kein Geld an, sofern Sie daraus keine Geschäftsidee machen möchten. Falls genau das Ihr Ziel ist, geht das selbstverständlich auch. Mit einem kleinen Hausmeisterservice oder Renovierungsdienst können Sie sich allerhand dazuverdienen. Wichtig ist, dass Sie dabei Spaß haben – dann ist der Hinzuverdienst nochmal so schön.

Auto restaurieren

Ein tolles Hobby ist die Restauration alter Fahrzeuge. Ob Auto, Motorrad oder vielleicht Lastwagen – viele Klassiker warten auf die Wiederbelebung. Solche Fahrzeuge bekommen Sie häufig für kleines Geld, denn sie befinden sich zum überwiegenden Teil in schlechtem oder sogar desaströsem Zustand. Genau das ist aber die Herausforderung. Hierfür benötigen Sie neben geeignetem Werkzeug eine Werkstatt oder zumindest eine geräumige Garage, denn das Schrauben im Freien geht nur bei gutem Wetter – und gerade bei einem restaurierungsbedürftigen Oldtimer oder Youngtimer (Autos ab einem Alter von 30 Jahren) ist es nicht immer möglich, sie im demontierten Zustand im Freien stehen zu lassen. Informieren Sie sich über das Internet oder aus Büchern über die Eigenheiten Ihres bevorzugten Modells. Die Jagd nach Ersatzteilen ist, je nach Fahrzeug, eine besondere Herausforderung, doch das macht den Reiz der Sache aus. Wenn es nicht gleich die große Restauration sein soll, dann bringen Sie doch einfach einen beliebigen Gebrauchten oder Ihr eigenes Fahrzeug wieder auf Vordermann. Warten Sie die Technik, pflegen Sie den Lack und den Innenraum – aber lassen Sie die Finger von Arbeiten, die sicherheitsrelevant sind und von denen Sie nichts oder nicht viel verstehen (z. B. Bremsen). Für umfassende Karosseriearbeiten und Tätigkeiten unter dem Fahrzeug ist eine Hebebühne nahezu unentbehrlich. Notfalls tut es auch eine Grube, die Sie manchmal in alten Höfen von Landwirten, die ihre Fahrzeuge selbst gewartet haben, finden oder spezielle Rampen zum Auffahren. Keinesfalls reichen Wagenheber aus, um sicher unter dem Auto zu schrauben.

Für größere Projekte Halle anmieten

Tipp: Wenn Sie sich mit anderen Schraubern zusammenschließen, können Sie vielleicht gemeinsam eine größere Halle mieten. In Industriegebieten findet man manchmal sehr günstige Angebote, die durchaus realisierbar sind, wenn man sie auf mehrere Schultern verteilt. Derartige Hallen sind häufig bereits mit Hebebühnen ausgerüstet und verfügen im Gegensatz zu mancher Garage über ausreichend belastbare Stromanschlüsse und gute Beleuchtung – vielleicht sogar über Sanitäranlagen, die beim stundenlangen Arbeiten irgendwann auch relevant werden. Außerdem können Sie in einer Halle Stellflächen an Personen untervermieten, die ihre wertvollen Autos sicher und trocken abstellen möchten und keine eigene Garage besitzen. Hierbei sollte aber immer ein regulärer Untermieter-Vertrag abgeschlossen werden, in welchem die Haftungsfragen klar geregelt sind, etwa wenn es zu einer Überschwemmung im Gebäude, zu Diebstahl oder zu Sturmschäden kommt. Bei stillgelegten Fahrzeugen (z. B. bei sogenannten Saisonfahrzeugen, die nur in bestimmten Monaten auf öffentlichen Straßen fahren dürfen) besteht manchmal ein „ruhender" Versicherungsschutz der eigenen Teil- oder Vollkasko. Die genauen Bedingungen muss der Fahrzeughalter aber selbst kennen und ggf. mit seiner Versicherungsgesellschaft klären. Klar ist auch, dass der eigentliche Vermieter der Halle einer Untervermietung in diesem Sinne zustimmen muss. Wenn Sie ein paar Untermieter gewinnen können, finanziert sich die monatliche Miete häufig von selbst und Sie können Ihrem eigenen Hobby problemlos nachgehen.

Nicht für jeden Geschmack, aber sehr beliebt: Vereinsmeierei

Viele der bereits genannten Aktivitäten und diejenigen, die noch in der Aufzählung folgen, lassen sich vorzüglich in Vereinen ausüben. Manche Dinge sind ohne Anbindung an einen Verein überhaupt nicht umsetzbar. Ob es sich um den Kleingartenverein, den Schützenverein, den Gesangsverein oder den Schachclub handelt – auf den ersten Blick erscheint die so typisch deutsche Vereinsmeierei vielen Ruheständlern als grauenvoll. Wer hat keine erschreckenden Erfahrungen mit Kegelvereinen gemacht, die regelmäßig Hotels mit ihrer übermäßigen Geräuschkulisse „beglücken"? Aber vielleicht ist das auch genau Ihr Ding?
Fakt ist, dass die Vereine häufig unter großen Vorurteilen zu leiden haben, tatsächlich aber einen großen Beitrag zur Sozialisierung und Interaktion in verschiedenen Altersgruppen leisten. Insbesondere Sportvereine verfügen nicht nur über Angebote für Ruheständler, sondern benötigen regelmäßig Nachwuchs. Vielleicht möchten Sie sich hier engagieren, um Ihr Wissen an Kinder und Jugendliche weiterzugeben. Gerade als Neuling tut man sich in Vereinen häufig schwer, wenn man überhaupt niemanden dort kennt. Gute Vereine zeichnen sich aber gerade dadurch aus, dass sie neue Mitglieder mit offenen Armen begrüßen.

Testen Sie den Verein, bevor Sie beitreten

Ein wichtiger Tipp hierzu: Bevor Sie einen Beitritt per Vertrag fixieren, der in aller Regel mit Kosten und mindestens einem Jahr Laufzeit verbunden ist, absolvieren Sie Probetrainings oder andere Schnupperangebote. Seriöse Vereine haben kein Problem damit, wenn man erst einmal hineinschnuppern möchte. Viele Hobbys erfordern schließlich nicht nur ein soziales Miteinander, sondern auch gewisse Investitionen. So benötigen Sie beim Eintritt in Sportvereine normalerweise eine persönliche Ausrüstung, um aktiv mitmachen zu können. Bevor Sie also tatsächlich dem Schützenverein beitreten und sich ein teures Luftgewehr kaufen, absolvieren Sie einige Trainingsstunden mit vereinseigenen Luftgewehren. Das gilt analog für alle Hobbys, für die eine Ausrüstung benötigt wird. Am wichtigsten ist aber, dass Sie mit dem Großteil der anderen Vereinsmitglieder gut auskommen. Mit allen wird das, wie im sonstigen Leben auch, nicht gelingen, doch wenn der Club nichts für Sie ist, ziehen Sie einfach weiter. Möglichkeiten gibt es genug.

Aktivitäten mit und für Tiere

Die Betreuung verwaister Tiere aus dem Tierheim oder das Engagement für solche Einrichtungen wurde bereits kurz angesprochen, aber ich möchte noch einmal näher auf diese Aktivität eingehen, da die Anschaffung eines Haustieres stets eine Verpflichtung gegenüber dem Geschöpf darstellt.
Holen Sie bitte nur dann Tiere zu sich, wenn Sie sich der Verantwortung wirklich gewachsen sehen. Einen Hund oder eine Katze anzuschaffen, nur um der Einsamkeit zu entgehen, ist nicht genug, wenn Sie lediglich einen Ersatz für den Kontakt zu Mitmenschen suchen. Natürlich bekommen Sie von den Vierbeinern und anderen Haustieren viel Liebe und Aufmerksamkeit, doch letztlich müssen Sie körperlich und seelisch dazu bereit sein, sich um den neuen Kameraden kümmern zu können. Gerade Hunde sind sehr dankbare Hausgenossen, müssen aber ihren Auslauf bekommen, Gassi gehen und natürlich eine artgerechte Haltung erfahren. Fehlen diese Voraussetzungen in Ihrem Haushalt und sind diese auch nicht ohne unverhältnismäßigen Aufwand zu schaffen, verzichten Sie lieber darauf, einen eigenen Hund oder eine eigene Katze zu halten. Sie können dann immer noch die Tipps aus dem vorherigen Abschnitt aufgreifen und beispielsweise einen Gassi-Service für ältere Menschen einrichten, die nicht mehr selbst mit ihren Hunden spazieren gehen können.

Bei aller Liebe zum Tier: Behalten Sie die Kosten im Auge

Sollten Sie sich ein Tier anschaffen, bedenken Sie bitte auch die Kosten. Selbst Kleintiere können bei Tierarztbehandlungen hohe Rechnungen verursachen. Neben akuten Behandlungen sind Impfungen und Routineuntersuchungen fällig, die Sie sich leisten können müssen. Es gibt inzwischen zwar Krankenversicherungen für Haustiere, diese sind jedoch relativ teuer und decken längst nicht alles ab. Hinzu kommen Ausgaben für die Unterbringung, Pflege und natürlich ein artgerechtes, gesundes Futter. Bei Hunden und größeren Tieren wie Pferden sollte in keinem Fall eine Tier-Haftpflichtversicherung fehlen. Sehr oft verursachen die Hausgenossen Schäden bei Nachbarn oder anderen Personen. Sollten Sie dann nicht durch eine Versicherung abgesichert sein, kann das richtig teuer werden. Apropos teuer: Sinnvoll, aber nicht gerade billig, sind besonders für Hunde Trainingsstunden bei versierten Hundeerziehern. Das ist nicht nur für den Umgang mit problematischen Charaktereigenschaften zu empfehlen, sondern generell dann, wenn Sie sich mit Hunden noch nicht gut auskennen oder in der Vergangenheit schlechte Erfahrungen gemacht haben. Das Training ist nicht nur für den Hund wichtig, sondern auch für den Halter. Daher sollten Sie immer bei den Trainingsstunden dabei sein, denn schließlich soll der Hund am Ende Ihnen gehorchen und nicht dem Tiertrainer. Es ist ein bisschen wie beim Autofahren: Wer sich ohne Fahrkenntnisse ans Steuer setzt, kommt in schwierigen Situationen schnell ins Schleudern.

Auch andere Tiere können Ihren Alltag bereichern

Viele Menschen bevorzugen Hunde oder Katzen, weil sie tatsächlich sozial mit ihnen interagieren können. Doch das ist nicht der einzige Antrieb für die Haltung von Haustieren. Ein Aquarium voller faszinierender Fische wird nie mit Ihnen kuscheln und Sie können diesen Tieren auch keine Tricks beibringen, doch auch die Aquaristik kann ein sehr erfüllendes und befriedigendes Hobby sein. Außerdem ermöglicht die moderne Technik heutzutage, die Fische - zumindest bei kürzerer Abwesenheit - über zeitgesteuerte Futterautomaten versorgen zu können, was bei anderen Tieren oft nicht möglich ist. Über die Anbindung an Smartphone-Apps lässt sich das alles sogar noch optimieren und aus der Ferne steuern bzw. kontrollieren.

Ähnlich ist es bei Terrarien, in denen Frösche, Echsen, Schlangen, Skorpione oder andere Tiere wie Insekten oder Spinnen leben. Das ist sicher nichts für jeden Geschmack, aber wer diese Geschöpfe schon immer einmal genau studieren wollte, kann dies im eigenen Terrarium bestens tun.

Eine Regel gilt aber grundsätzlich: Beherbergen Sie bitte niemals Tiere, die Sie laut Artenschutzabkommen überhaupt nicht halten dürfen. Es gibt Gründe, warum die Tierhaltung gefährdeter Arten verboten ist, egal, wie gut gemeint es sein mag. Natürlich gibt es außerdem gefährliche oder giftige Tierarten, die Sie Ihren Nachbarn ebenfalls nicht unbedingt zumuten sollten – ob es nun erlaubt ist oder nicht.

Sammler sind immer beschäftigt

Kaum ein anderes Hobby ist so faszinierend wie das Sammeln von Gegenständen. Viele fangen zwar nicht erst im Ruhestand damit an, können sich ab diesem Zeitpunkt aber endlich voll und ganz dieser Leidenschaft widmen. Wenn Sie zu diesen Menschen gehören, erzähle ich Ihnen hier nichts Neues. Aber sollten Sie sich noch nie mit dem Sammeln beschäftigt haben, eröffnen sich aufregende Perspektiven.
An Sammelgebieten gibt es keinen Mangel: von Spielzeug über Briefmarken und Münzen bis hin zu seltenen Autos – der Fantasie sind keine Grenzen gesetzt. Allenfalls macht Ihnen vielleicht der Geldbeutel einen Strich durch die Rechnung. Aber selbst dann können Sie sich in vielen Sammelgebieten mit geringem Geldeinsatz eine schöne Sammlung aufbauen.

Nicht jede Sammlung ist eine Wertanlage

Beim Sammeln geht es nicht immer nur um die größte Sammlung. Seltene Sammelstücke sind vielen aktiven Sammlern wichtiger. In anderen Fällen geht es um besonders wertvolle Stücke oder darum, etwas komplett gesammelt zu haben. Nicht immer sind diese Anforderungen alle identisch, wenngleich es oft zu Überschneidungen kommt. Doch egal, für welches Sammelgebiet Sie sich letztlich entscheiden: Seien Sie sich bitte darüber im Klaren, dass nur die wenigsten Sammlungen wirklich eine nennenswerte Wertsteigerung erfahren. Ausnahmen bestätigen die Regel, aber sehen Sie Ihr Hobby nicht primär als Geldanlage. Bei vielen Sammelgebieten gibt es besonders begehrte und wertvolle Einzelstücke, jedoch bringen zahllose, über Jahre hinweg mit viel Liebe vervollständigte Sammlungen bei einem eventuellen Verkauf kaum noch etwas ein. Das hängt immer auch vom jeweiligen Sammelgebiet ab – aber ich möchte davor warnen, eine Münzsammlung als gewinnbringende Investition zu sehen. Selbst wenn Sie in Katalogen eine theoretische Wertsteigerung erfahren, sind solche Sammlungen in der Realität kaum an interessierte Händler zu bringen. Sammeln ist also vor allem ein Hobby zum eigenen Vergnügen.

Briefmarken und Münzen

Beginnen wir gleich bei den typischen Sammelgebieten, die eigentlich jeder kennt, wenn nicht aus eigener Erfahrung, dann vielleicht aus dem Bekanntenkreis. In den 70er Jahren hatten viele Menschen eine eigene Sammlung von Briefmarken und/oder Münzen. Das Sammelfeld ist in beiden Fällen gigantisch und man kann eigentlich nie eine wirklich vollständige Sammlung vorweisen, sofern man sich nicht auf bestimmte Teilgebiete beschränkt. Das Briefmarken- und Münzsammeln hat jedoch in den letzten Jahrzehnten an Popularität verloren, weil viele Besitzer von den ausbleibenden Wertsteigerungen schwer enttäuscht wurden. Daher nochmals mein Appell aus dem vorherigen Absatz: Sehen Sie es als Hobby und nicht als Investition. Sollte Ihre Sammlung irgendwann tatsächlich etwas wert sein, umso besser. Viel wichtiger ist jedoch der ideelle Wert, den Sie persönlich damit verbinden. Die moderne Technik erleichtert das Aufspüren von Angeboten im Internet im Vergleich zu früheren Zeiten enorm, allerdings ist auch die Gefahr gewachsen, auf Fälscher und Betrüger hereinzufallen. Scanner und Drucker haben schon so manch gefälschte

Briefmarke ausgeworfen und auch Münzen sind nicht immer das, was sie zu sein scheinen.

Vorsicht bei Medaillen

Stichwort Münzen: Häufig werden Münzen und Medaillen miteinander verwechselt.

Münzen sind von staatlichen Prägeanstalten ausgegebene Zahlungsmittel, mit denen Sie tatsächlich, dem Nennwert entsprechend, einkaufen können (sofern die Währung noch existiert). Der Wert einer seltenen Münze übersteigt den Nennwert jedoch in der Regel, sodass es keine gute Idee wäre, Dagobert Ducks Glückszehner in einen Automaten zu werfen. Medaillen sehen hingegen häufig wie Münzen aus, sind aber keine. Was in großen Anzeigen mit blumigen Worten als „streng limitierte" Medaillen angeboten wird, ist oft nicht das Geld wert, das verlangt wird. Medaillen können im Gegensatz zu Münzen praktisch von jedem hergestellt und in Verkehr gebracht werden, sind aber keine gültigen Zahlungsmittel und oftmals keinerlei Wertsteigerung unterworfen. Im Gegenteil: Die angeblich limitierten Teile werden in gigantischen Auflagen produziert.

Merke: Eine Medaille besitzt im Allgemeinen nur den reinen Materialwert. Besteht sie aus echtem Gold oder Silber, kann dieser Wert durchaus beträchtlich sein und gemäß der Gold- bzw. Silberpreise Steigerungen oder Wertverluste erfahren. Die Medaille wird aber so gut wie nie mehr wert sein als ihr bloßer Materialwert. Aufwändige Prägungen und Motive interessieren die Edelmetallhändler nicht, sie schmelzen sowieso alles ein und gießen es für die weitere Verarbeitung in Barren. Bei Münzen ist das anders, denn hier kann eine seltene Kupfermünze in der Tat sehr viel Geld wert sein, wenn sie über eine entsprechende Historie verfügt.

Spielzeugsammler erfüllen sich oft Jugendträume

Wer kennt das Gefühl nicht? Als Kind stand man sehnsüchtig vor dem Schaufenster des Spielzeugladens und konnte sich ein bestimmtes Teil nie leisten. Zu Weihnachten bekam man es leider auch nicht – und so hat man sich irgendwann von dem Traum verabschiedet. Spielzeugsammler verwirklichen diese Träume häufig einfach dadurch, dass sie sich heute das damals begehrte Spielzeug anschaffen. Leider ist es so, dass gut erhaltene und authentische Spielzeuge im Wert stark steigen können, insbesondere, wenn sie sehr selten sind und vielleicht sogar noch in der Originalverpackung vorliegen. Hier wird das Sammeln dann tatsächlich zu einer Wertanlage. Haben Sie noch altes Spielzeug aus Ihrer Kindheit, kann das heute durchaus ein paar Euro wert sein – allerdings werden Sie vermutlich die Originalverpackung nicht mehr vorweisen können und die Spielzeuge weisen entsprechend ihres Alters Gebrauchsspuren auf. Doch auch dafür gibt es realistische Preisbewertungen, die man im Internet oder in speziellen Katalogen nachschlagen kann.

Ein beliebtes Beispiel sind Sammlungen von Star Wars-Spielzeug. Wenn Sie heute in den Ruhestand gehen, kennen Sie vermutlich die Saga um den Krieg der Sterne aus dem Kino. Vielleicht haben Sie selbst mit dem Spielzeug gespielt, das heute inzwischen die dritte Generation von Kindern begeistert. Hier gab es bei einzelnen und seltenen Figuren teilweise absurde Preissteigerungen, die in den vier- und fünfstelligen Bereich gehen, jedoch stets unter dem Vorbehalt, original verpackt zu sein. Lose Figuren können bei entsprechender Seltenheit aber immer noch beeindruckende Preise erzielen. Als Kostbarkeit gelten Prototypen der Spielzeughersteller, die nie auf den regulären Markt kamen. Problematisch ist hierbei jedoch der Echtheitsnachweis, denn es existieren zahllose Fälschungen solcher Objekte.

Die Sammelwut wirkt sich auf die Preisentwicklung aus

Leider gab es in den 90er Jahren die Strategie der Hersteller von Star Wars-Spielzeug, speziell für den Sammlermarkt zu produzieren. Dadurch waren die Figuren im Vergleich zu früher nicht nur detaillierter, sondern auch deutlich teurer. Alle paar Monate erschienen neue Verpackungsvarianten (die den Preis maßgeblich mitbestimmen können) und der Ausblick auf die Wertsteigerungen der Vergangenheit verleiteten viele Sammler zum blindwütigen Kauf. In der Folge sind diese Figuren aber oft alles andere als selten und die Preisentwicklung enttäuschend. Die meisten Sammler kaufen das Spielzeug eben nicht mehr zum Auspacken und Spielen, sondern als Wertanlage. Gerade dadurch bleiben aber die erhofften Wertsteigerungen aus, denn es ist nahezu unmöglich, original verpackte Star Wars-Figuren aus den 70er und 80er Jahren zu bekommen. Bei den Neuauflagen ist das hingegen gar kein Problem. Damals haben die Kinder einfach damit gespielt, was die wenigen verbliebenen Artikel in der Originalverpackung heute so wertvoll macht. Trotzdem: Die Actionfiguren und Fahrzeuge bzw. Raumschiffe aus dem Star Wars-Universum sind ein tolles Sammlergebiet mit vielen Facetten und Ausprägungen. Das gilt übrigens auch für LEGO-Star Wars, das ein ganz eigenes Sammelgebiet darstellt.

Modelleisenbahn sammeln – Faszination der Technik

Zu den Spielzeugen zählen sicherlich auch die Eisenbahnen im Maßstab H0 und anderen Formaten, die früher in kaum einem Kinderzimmer fehlen durften. Gerade die älteren Modelle mit einzigartigen Lokomotiven, Waggons und gut erhaltenen Schienen mit Original-Trafos sind in Sammlerkreisen durchaus begehrt. Leider hat das allgemeine Desinteresse bei der Jugend an dieser Art Freizeitbeschäftigung in den 90er und 2000er Jahren zu einem Massensterben der traditionsreichen Modelleisenbahnhersteller geführt. Hinzu kam ein Preisverfall bei existierenden Sammlungen, die vielen leidenschaftlichen Sammlern die Tränen in die Augen trieben. Die zunehmende Digitalisierung und die Einbeziehung moderner Technologien eröffnen jedoch auch in diesem Bereich ganz neue Möglichkeiten. Wer sich für die Technik von Modelleisenbahnen begeistern kann (man sehe sich zum Beispiel nur die Besuchermassen im Miniatur-Wunderland in Hamburg an), findet häufig auch Spaß am Sammeln. Etwas technisches Verständnis, Liebe zum Detail und natürlich ausreichend Raum zum Aufbauen einer Eisenbahn sind Voraussetzung für dieses Hobby. Aber wenn der Einstieg erst einmal gemacht ist, lässt es die betroffene Person in der Regel nie wieder los.

Schallplatten und CDs – Musiksammlungen begeistern immer

Musik ist eine tolle Sache. Bevor der Schwerpunkt auf dem digitalen Streaming bzw. dem Herunterladen von mp3-Dateien lag, zierten Schallplatten- und CD-Sammlungen fast jeden Haushalt. Sicher verfügen auch Sie über eine gewisse Anzahl von Tonträgern. Haben Sie überhaupt noch einen CD-Player oder gar einen funktionierenden Plattenspieler? Falls nicht, schaffen Sie sich einen an. Heutzutage sind Vinyl-Schallplatten wieder sehr populär, weswegen auch die Abspielgeräte zu bekommen sind. Oftmals bieten diese die Möglichkeit, zusätzlich USB-Sticks oder Computer anzuschließen, damit man die eigene Musiksammlung digitalisieren kann. Denn seien wir ehrlich – so schön nostalgisch Platten sind, so praktisch ist die nahezu unendlich große Musikbibliothek auf dem eigenen Handy. Das Schöne ist: Sie können das eine tun, ohne das andere zu lassen. Sammeln Sie Ihre Musik auf physischen Tonträgern und spielen Sie die Alltagsmusik auf dem Handy ab.

Auch Kassetten gehören dazu

Oft vergessen werden die Musikkassetten, die Tonbänder, die unsere Jugend begleitet haben. Dabei geht es nicht nur um Musik, sondern insbesondere um Hörspielproduktionen. Wer erinnert sich nicht mit viel Freude an die alten Geschichten und spannenden Abenteuer, die unser Fenster zur Fantasie waren? Leider haben Kassetten im Vergleich zu Schallplatten und CDs einen Nachteil: Die Mechanik der Plastikgehäuse sowie die Tonbänder selbst haben die Alterung der letzten 40 oder 50 Jahre nicht gut vertragen. Trotzdem kann man solche Kassetten (mit einem oft sehr liebevoll gestalteten Cover) seiner Sammlung hinzufügen. Das Abspielen muss nicht unbedingt sein, wenn die Hörspiele einmal digitalisiert wurden. Viele Produktionen werden heute von den Verlagen auch wieder neu aufgelegt und können problemlos digital erworben werden. Wenn Sie sich die Geschichten auf diese Weise anhören, müssen Sie sich um den Zustand der Kassetten keine Gedanken machen – sammeln können Sie sie trotzdem. Es ist allerdings gar nicht so einfach, eine solche Sammlung zu vervollständigen. Gerade das ist jedoch die Herausforderung und die Motivation bei jeder Sammeltätigkeit – wenn es einfach wäre, würde der Reiz fehlen.

Wein und Spirituosen sammeln

Auch alkoholische (und nicht alkoholische) Getränke lassen sich sammeln. Bei den nicht alkoholischen Getränken geht es meist nur um die Verpackung (zum Beispiel eine Coladose oder alte Colaflasche). Der Inhalt ist in der Regel nicht mehr genießbar, wenn es sich um sehr alte Fundstücke handelt. Anders ist das bei Wein, Whiskey und anderen Getränken, die durch die richtige Lagerung oft noch an Qualität gewinnen. Dass es sehr teure Weine gibt, ist den meisten Menschen bekannt. Aber dass es durchaus auch seltene Whiskeys gibt, die ohne Weiteres einige hundert Euro kosten können, ist für viele Leute eine Neuigkeit. Hinzu kommt, dass man durch dieses Sammlergebiet zu einem echten Experten für die edlen Tropfen wird – unabhängig vom Preis des Getränks. Somit können Sie zum nächsten stilvollen Abendessen immer den geeigneten Tropfen reichen. Die Wertsteigerung ist bei manchen Sorten durchaus bemerkenswert, wenn man die Flaschen lange genug behält. Sollte keine Wertsteigerung eintreten, macht das aber auch nichts, denn diesem Sammlergebiet können Sie notfalls durch Eigenkonsum einen Sinn verleihen.

Erobern Sie das Internet

Bei vielen Aktivitäten, die ich in diesem Ratgeber bereits angesprochen habe, spielt das Internet eine Rolle. Manchmal ist es optional, manchmal jedoch unverzichtbar. Wenn Sie sich vor Ihrem Ruhestand bereits mit der modernen Technik auseinandergesetzt haben (sei es privat oder beruflich), dann renne ich mit diesem Kapitel offene Türen ein. Allerdings sollten Sie es auch dann lesen, wenn Ihnen E-Mail und Smartphone schon lieb gewonnene Begleiter geworden sind. Gerade in der Computerwelt überschlagen sich Entwicklungen häufig und das, was gestern noch neu war, kann morgen bereits veraltet sein. Falls Ihnen das alles Unbehagen bereitet, Sie eigentlich nie etwas mit Computern zu tun hatten und das auch so beibehalten wollen, kann Sie natürlich niemand dazu zwingen. Aber lassen Sie sich gesagt sein, dass gerade im Ruhestand Computer, Smartphones, Tablets und Internet sehr nützliche Werkzeuge und Hilfsmittel sein können, um weiterhin am Alltagsleben teilnehmen zu können. Auch wenn Sie jetzt noch gesund und mobil sind – irgendwann kommt eine Phase, in der die Gesundheit nachlässt und speziell in diesen Fällen kann man dank moderner Technik eher am Ball bleiben.

Ein Beispiel, das viele Menschen aufgerüttelt hat, ist die Corona-Krise. Wenn ganze Länder sich abschotten, Ausgangssperren verhängt werden und insbesondere der zwischenmenschliche Kontakt zu Familienangehörigen auf unbestimmte Zeit hinweg nicht möglich ist, bietet das Internet die beste und innovativste Möglichkeit, miteinander in Verbindung zu bleiben. Doch auch in beruflicher Hinsicht ist das elektronische Netz im wahrsten Sinne des Wortes Gold wert. Wenn Sie Ihren Ruhestand als Zeit neuer Chancen und Aktivitäten zum Geldverdienen oder zum Umsetzen von Geschäftsideen verstehen, dann ist die Computertechnik für Sie eine praktische Hilfe, um erfolgreich zu sein. Lassen Sie sich einfach mal darauf ein – denn wer sich in diesen Bereichen besser auskennt, verliert viele unbegründete Ängste und Sorgen im Umgang mit der Technik. Außerdem sind Sie weniger anfällig für Betrügereien und kommen eher ohne die Hilfe von außen aus, wenn Sie sich selbst weiterbilden. Nicht zuletzt können Sie Ihr Wissen an andere Ruheständler weitergeben, die lieber von Menschen aus der gleichen Altersgruppe lernen.

Fallstrick Internet – trennen Sie klar zwischen Privat und Gewerbe

Was Sie für den Start ins Netz benötigen und wie Sie sich über die Grundlagen informieren, haben wir bereits angesprochen. Jetzt geht es um praktische Anwendungen und wie Sie diese für Ihre eigenen Vorhaben nutzen können.
Unterscheiden müssen Sie generell zwischen gewerblicher und privater Nutzung – die Grenzen sind dabei manchmal fließend. Jeder kann und darf beispielsweise ohne Probleme einen Blog einrichten, eine Webseite betreiben oder auch einen YouTube-Kanal mit lustigen Videos aus eigener Produktion bestücken. Immer dann, wenn es um Monetarisierung geht, also darum, Geld zu verdienen, bewegen Sie sich jedoch im Bereich der gewerblichen Tätigkeit. Sobald Sie etwas verkaufen oder eine Dienstleistung gegen Geld anbieten, müssen Sie vermutlich ein Gewerbe anmelden. Klären Sie dies bitte vor Aufnahme entsprechender Aktivitäten

mit Ihrem Steuerberater oder einem Fachanwalt, denn Auskünfte von Finanzämtern und anderen Stellen sind nicht immer vollständig auf die eigene Situation anwendbar.

In vielen Fällen kommen Sie aber auch beim rein privaten Betrieb einer Webseite, eines Forums oder Blogs nicht um die Impressumspflicht und die Datenschutzerklärung herum. Die gute Nachricht: Hierfür gibt es im Netz viele sehr gute Hilfeseiten, die aktualisierte und abmahnsichere Texte für Ihre Webseite generieren. Auf eigene Faust etwas zu schreiben oder von anderen Seiten zu kopieren, kann Ihnen hingegen eine teure Abmahnung einbringen. Viele der Impressums-Generatoren sind kostenlos nutzbar, solange man einen Link zum Anbieter unterbringt. Ich will hier keine Werbung für bestimmte Anbieter machen, daher sollten Sie sich bei Google informieren, wo Sie seriöse Anbieter finden. Im Zweifel helfen Tests von Verbraucherschützern oder Computerzeitschriften weiter, die es zu diesem (und vielen anderen Themen) gibt.

Videos online stellen – nie war es einfacher

Vielleicht haben Sie selbst schon einmal auf YouTube, Instagram oder Facebook hilfreiche Videos und Tutorials zu einem Thema gefunden und wurden dadurch inspiriert, eigenes Fachwissen auf ähnliche Weise weiterzugeben? Das ist heutzutage relativ einfach möglich. Im Prinzip reicht ein Computer mit einer Webcam aus, um das zu realisieren, hinzukommt, dass fast jeder ein Smartphone mit Videokamera besitzt, mit dem sich mittlerweile hochwertiges Material produzieren lässt. Wussten Sie beispielsweise, dass selbst professionelle Fernsehsender inzwischen Reporter hinausschicken, die ihre Beiträge komplett mit dem Smartphone erstellen, schneiden und zum Sender übertragen? Das erfordert nur die richtige Software. Nun müssen Sie keine Videos zu ARD oder ZDF hochladen, daher reichen Ihnen die Möglichkeiten der sogenannten Bordmittel. Die meisten Telefone verfügen bereits über einfache Videoschnittmöglichkeiten.

Urheberrechte anderer unbedingt beachten

Übersichtlicher und besser zu bedienen sind jedoch oft die Desktop-Lösungen für Laptop und PC, einfach deshalb, weil sich der Videoschnitt am größeren Bildschirm präziser gestalten lässt. Falls Ihnen das Handy reicht, gibt es brauchbare Apps, mit denen sich ein Video schneiden, nachvertonen oder mit Musik ausstatten lässt – hier aber bitte auf Urheberrechte achten; Sie dürfen nicht einfach Phil Collins als Hintergrundmusik verwenden, weil Ihnen das Lied gefällt.
Tipp: Es gibt viele Plattformen, die kostenlose Lizenzen für Musik, Videos und Bildmaterial bereitstellen, die Sie nach Belieben in den Videos verwenden dürfen. Die Rechteinhaber bestimmten den Umfang der Nutzungsrechte. Es kann sein, dass diese eine komplett freie Verwendung gestatten, in vielen Fällen muss hingegen der Urheber genannt und verlinkt sein bzw. sind bestimmte Auflagen zu beachten (z. B. keine Veränderung des Materials gestattet oder nur für nicht-kommerzielle Zwecke erlaubt). Doch sogar für rein kommerzielle Absichten finden Sie viel kostenloses Material. Sehen Sie sich mal bei der YouTube AudioLibrary oder bei Foto-Stock-Seiten wie flickr.com oder Pixabay um. Achten Sie aber bitte immer auf die Hinweise zum Copyright, die sich für jeden Inhalt individuell unterscheiden können.

Die Internetverbindung sollte ausreichend schnell sein

Es ist eigentlich selbsterklärend, aber für die großen Datenmengen hochauflösender Videos sollten Sie eine recht hohe Bandbreite für das Hochladen zur Verfügung haben. Heute bieten viele Provider bereits brauchbare Upload-Bandbreiten für wenig Geld an. Für den normalen Hausgebrauch reicht das aus, um auch mal ein Video in relativ kurzer Zeit hochzuladen. Zu empfehlen ist nach Möglichkeit ein Glasfaseranschluss mit einer Verbindungsgeschwindigkeit von 100 Mbit aufwärts im Download. Der Upload geht meist sehr viel langsamer voran, aber mit Werten von 10 oder 20 Mbit sind Sie schon gut dabei. Sollte an Ihrem Wohnort keine DSL- oder Glasfaseranbindung möglich sein (was leider an vielen Orten in Deutschland der Fall ist), wird es schwieriger. Dann sollten Sie prüfen, ob Sie mit Ihrem Handy 4G bzw. LTE-Empfang haben. Somit ist ein vergleichsweise flotter Upload auch über das Handynetz möglich. Manche Provider bieten Heimnetzwerke an, die das Mobilfunknetz nutzen – in dem Fall können Sie auch Ihren normalen Computer an das schnelle Netz anbinden. Fehlen diese Möglichkeiten, wird es etwas mühsam. Dann hilft eigentlich nur noch, mit dem Auto zu einer Stelle zu fahren, wo der LTE-Empfang möglich ist, und von dort aus per Handy die Videos hochzuladen.

Einfacher YouTube-Account oder gleich einen eigenen Kanal?

Wenn Sie Videos bei YouTube hochladen möchten, müssen Sie sich als Nutzer registrieren. Das gilt für fast alle Plattformen im Internet. Rein private Videos sollten Sie, meiner Ansicht nach,

aber eher bei Facebook oder Instagram hochladen, wo Sie eine bessere Kontrolle über die Privatsphäre haben.
YouTube ist eine öffentliche Plattform – hier sollten nur Inhalte stehen, die den Rest der Welt erreichen sollen. Dass Sie sich dabei immer an die AGB der Plattform halten müssen, sollte klar sein. Die Meinungsfreiheit gilt zwar auch im Netz, aber letztlich hat der Betreiber der Plattform das Hausrecht und kann bestimmen, wer sich dort bewegt. Pornografie oder volksverhetzende Inhalte sind in der Regel immer verboten. Das ist im echten Leben auch nicht anders. Davon abgesehen können Sie sonst eigentlich alles tun oder lassen, was Ihnen gefällt. Falls Sie regelmäßig Inhalte hochladen möchten und vielleicht auch mit Live-Videos auftreten wollen, sollten Sie sich einen YouTube-Kanal einrichten. Das ist so eine Art eigene Übersichtsseite, auf der Nutzer ihre Inhalte einfacher wiederfinden.
Noch ein Hinweis: Viele Anbieter erlauben durchaus gewerbliche Inhalte auf ihren Plattformen, verlangen dann aber den Wechsel zu einem Firmenprofil. Das jedoch kann beim Finanzamt als Hinweis auf ein Gewerbe gelten – tun Sie das also nur, wenn Sie vorhaben, gewerblich tätig zu sein. Mit einem Firmenprofil können Sie wiederum aktiv Werbung auf den Plattformen schalten, was natürlich kostenpflichtig ist.

Monetarisieren – wie geht das?

Es gibt zwei Wege, um auf YouTube Geld zu verdienen. Die erste Methode ist, es als Werbeplattform zu nutzen, weil Sie Ihre Dienstleistung oder ein Produkt mit Ihren Videos bewerben möchten. Doch auch völlig sinnfreie Inhalte, die nur der Unterhaltung dienen, können bei YouTube Geld bringen. Je mehr Leute sich Ihre Videos ansehen, desto interessanter wird Ihr Kanal für andere

Werbetreibende. Dann bekommen Sie für jeden Klick auf ein Video Geld von YouTube. Es gibt Menschen, die allein davon leben können – das funktioniert allerdings nur, wenn man regelmäßig Inhalte hochlädt, die ein entsprechend großes Publikum ansprechen. Kreativität ist also wichtig, wenn man dieses Ziel verfolgt.

Think cross – fokussieren Sie sich nicht nur auf eine Plattform

Wenn Sie soziale Netzwerke nutzen, sollten Sie immer überlegen, welches Netzwerk für welche Aktivität geeignet ist. Facebook ist zum Beispiel perfekt, um mit Freunden und Familie unkompliziert in Verbindung zu bleiben. Instagram dient hingegen eher der Selbstdarstellung in Form von Bildern und Videos, die oft einen künstlerischen Anspruch haben – also dann, wenn Sie vor allem Publikum suchen, das nicht Ihrem Bekanntenkreis entspringt. Twitter ist hauptsächlich eine Text-Plattform. Obwohl man dort auch Bilder und Videos hochladen kann, steht der direkte Austausch über Kurznachrichten im Fokus, über die man sich zu allen möglichen Themen informieren kann und man zum aktiven Teilnehmer der Diskussion wird. Das ist nicht immer erfreulich – auf allen Plattformen gibt es die berüchtigten Störenfriede, die einfach nur Ärger machen wollen, andere Nutzer beleidigen oder in politischen Diskussionen äußerst unsachlich und aggressiv werden. Trotzdem kann jedes Netzwerk den eigenen Horizont erweitern, indem man interessante Menschen kennenlernt, mit denen man sonst nie in Kontakt gekommen wäre. Falls Sie die sozialen Netzwerke (Social Networks) für eigene Zwecke nutzen möchten, sollten Sie auf mehreren Plattformen präsent sein. Facebook-Seiten sind für stationäre Geschäfte sinnvoll, wenn Sie mit

Kunden in direkten Austausch treten möchten. Über Instagram kann man durchaus zum sogenannten Influencer werden, wenn die Inhalte eine entsprechend große Zahl an Followern erreichen. Und auch über Twitter können Kundenkontakte auf einfache Weise gepflegt werden.

Bleiben Sie sachlich und melden Sie Verstöße anderer

Schon bei eigentlich unverfänglichen Themen kann es vorkommen, dass Sie es mit Hatern zu tun bekommen, die Sie in den Kommentaren beleidigen oder in anderer Weise verbal attackieren. Bis zu einem gewissen Grad hilft hier die Ignoranz – ignorieren Sie diese Beiträge (hierfür gibt es auf vielen Plattformen den „Stummschalten"-Button), dann ärgert sich der Kommentator darüber, dass Sie nicht auf ihn reagieren. Manche Dinge sind aber so gravierend, dass es mit einem Ignorieren nicht getan ist. Dann sollten Sie solche Nutzer komplett blockieren. Wurden Sie strafrechtlich relevant bedroht, rassistisch beschimpft oder in anderer Weise herabgesetzt, sollten Sie generell von der Meldefunktion Gebrauch machen, damit der Plattformbetreiber die Möglichkeit hat, gegen den Nutzer vorzugehen. Das bringt nicht immer etwas, da die Betreiber teilweise sehr unterschiedliche Ansichten darüber haben, was ein Verstoß gegen ihre AGB ist und was nicht. Aber oft werden solche Nutzer auch vom Betreiber gesperrt, insbesondere dann, wenn sie schon häufiger aufgefallen sind. Strafrechtlich relevante Sachverhalte können (und sollten) davon unabhängig auch der Polizei gemeldet werden. Machen Sie Screenshots (Bildschirmfotos) der Vorfälle, um Beweise zu sichern. Lassen Sie sich in keinem Fall selbst zu Beleidigungen hinreißen, die am Ende dazu dienen könnten, den Spieß herumzudrehen – sonst enden Sie vielleicht mit einem gesperrten Account. Aber keine Angst – die meisten Nutzer in den Netzwerken sind keine Unruhestifter.

Die eigene Webseite aufbauen

Um unabhängig von den sozialen Netzwerken eine eigene Präsenz im Internet zu haben, müssen Sie bei einem Provider einen Vertrag abschließen. Dort können Sie sich dann eine eigene Webadresse sichern, die aussagekräftig und werbewirksam für Ihr Vorhaben zu verwenden ist. Das ist seriöser und kompetenter als einfach nur über Facebook eine Unterseite zu betreiben. Die Kosten hängen davon ab, welche Leistungen Sie buchen. Einfache Webpräsenzen sind schon für wenige Euro zu haben, für gewerbliche Nutzung sollten Sie aber einige Zusatzoptionen (insbesondere Speicherplatz) hinzubuchen. Ein durchschnittliches Paket kostet pro Jahr zwischen 50 und 100 Euro – je nach Ihrem Bedarf. Eine eigene Webseite aufzubauen ist heute nicht mehr kompliziert. Musste man früher noch HTML-Kenntnisse zum Programmieren haben, gibt es heute bei fast allen Anbietern einfache Baukastensysteme, die Sie frei konfigurieren können.

Webshop gefällig? Kein Problem

Bei vielen Geschäftsideen geht es darum, Produkte oder Dienstleistungen zu verkaufen. Dafür lohnt sich nicht immer die Anmietung eines Ladengeschäfts. Das Internet ist perfekt dafür geeignet, regional und überregional Kunden anzusprechen. Möchten Sie etwas verkaufen, bietet sich die Einrichtung eines Webshops an. Auch hier bieten die Provider Baukastenlösungen an, die sich leicht nach Ihren Bedürfnissen konfigurieren lassen und obendrein den aktuellen Sicherheitsanforderungen für E-Commerce entsprechen. Über sogenannte Plug-Ins, die sich zusätzlich installieren lassen, können Sie die Funktionalität nach Bedarf erweitern (etwa für die Akzeptanz von Kartenzahlung etc.). Nie zuvor war es so einfach, ein eigenes Geschäft aufzuziehen – und das ganz ohne Standortdiskussion oder hohe Ladenmiete. Es hat einen Grund, warum der Versandhandel so attraktiv ist. Sie sollten allerdings darauf achten, dass Sie Ihre Dienstleistung bzw. Produkte den Kunden auch wie versprochen liefern können. Besorgen Sie sich also zuverlässige Lieferanten, die möglichst „just in time" liefern können. Auf diese Weise ersparen Sie sich die Notwendigkeit, eigene Lagerkapazitäten vorhalten zu müssen.

WordPress – der Alleskönner

Vielleicht stolpern Sie über den Begriff WordPress. Dabei handelt es sich um eine kostenlose Software, die es Ihnen ermöglicht, Ihre Webseite in Form eines Blogs zu gestalten. Dies lässt sich durchaus mit anderen Angeboten (z. B. Ihrem Webshop) kombinieren. Der Vorteil von Blogs ist, dass nach erfolgter Installation und Einrichtung fortan alle Inhalte ganz einfach online gestellt werden können, indem Sie Ihre Texte, Bilder und Videos über eine simple Eingabemaske hochladen. Das unterscheidet sich kaum von der Erstellung eines Dokuments in Word. Sie benötigen also keine großartigen Programmierkenntnisse, um professionell aussehende Webseiten zu erstellen. WordPress ist ein sogenanntes Content-Management-System (CMS) und zählt zu den einfachsten Lösungen. Es gibt außerdem weitere CMS-Lösungen wie Joomla und Produkte anderer Anbieter, die Vorteile für die Einbindung in größere Firmennetzwerke bieten, aber nicht ganz so komfortabel zu bedienen sind. Für die meisten Ruheständler ist WordPress vermutlich die praktikabelste Variante.

Was ist aus dem guten alten Forum geworden?

Noch ein Wort über Foren: Früher waren Internet-Foren der einzige und beste Weg, um Diskussionen und Hilfestellungen für gemeinsame Interessen zu bündeln. In einem Forum treffen sich Mitglieder, um über ihre Lieblingsthemen zu sprechen. Ein Großteil dieses Aufkommens ist heute zu den sozialen Netzwerken gewandert. Aber ein Forum kann dennoch Sinn machen, wenn Sie eine geschlossene Gesellschaft wünschen oder sehr spezifische Themen behandeln, etwa ein Informationsaustausch über Hobbys wie Oldtimer-Restauration oder zur Lösung technischer Computerprobleme. In einem Forum finden Sie die Beiträge in der Regel besser wieder als bei Facebook und Co. Außerdem sind Sie als Betreiber eines Forums das Oberhaupt und bestimmen, worüber diskutiert werden darf. Das Betreiben von Foren ist allerdings mit einem gewissen technischen und zeitlichen Aufwand verbunden. Oft werden sie daher von einer Gruppe von Administratoren bzw. Moderatoren betreut, weil die Arbeit für Einzelpersonen zu viel wird.

Können, ohne zu müssen – Ihr perfekter Ruhestand

Ich hoffe, ich konnte Ihnen in den bisherigen Kapiteln die eine oder andere Anregung zur Gestaltung Ihres Ruhestands geben. Vielleicht fällt Ihnen auch etwas ganz Neues ein? Innovation und Kreativität sind nicht vom Alter abhängig. Machen Sie also das Beste aus der freien Zeit, die Sie jetzt haben. Und wenn es um Geld geht, gibt es auch im Ruhestand Möglichkeiten, das Einkommen aufzubessern oder ganz einfach ein neues berufliches Standbein aus Spaß an der Freude zu erschaffen. Wie Sie das im Detail angehen, bleibt Ihnen überlassen, denn ich kann Ihnen natürlich nur relativ allgemein gehaltene Vorschläge unterbreiten. Das Ziel dieses Ratgebers ist, dass Ihr Übergang vom Arbeitsleben in den Ruhestand möglichst reibungslos und erfolgreich verläuft, ohne dass Sie sich dabei überfordern oder sich - im wahrsten Sinne des Wortes - zu Tode langweilen. Alles steht Ihnen offen – und all das und mehr können Sie tun, ohne es wirklich tun zu müssen. Das ist echte Freiheit, wie man sie im Leben nur selten hat.

Bleiben Sie gesund

Eine Grundvoraussetzung, um die Freiheit im Ruhestand genießen zu können, ist die körperliche und geistige Gesundheit. Nun haben wir leider keinen hundertprozentigen Einfluss auf die Entwicklung unserer Gesundheit. Manche Krankheiten treffen uns unvermittelt, ohne dass wir etwas dagegen tun können. Andere Leiden lassen sich hingegen managen oder hinauszögern, wenn man sich gut ernährt und fit bleibt.

Wie Ihre persönliche Strategie für die Erhaltung Ihrer Gesundheit aussieht, sollten Sie stets mit Ihren Ärzten besprechen, denn eine fachliche Einschätzung sollte in keinem Fall fehlen. Davon abgesehen können Sie aber auch mit körperlichen oder geistigen Einschränkungen durchaus einen erfüllten und aktiven Ruhestand genießen. Selbst wenn Sie morgen plötzlich auf einen Rollator oder gar einen Rollstuhl angewiesen sind, bedeutet das nicht das Ende Ihrer Aktivitäten. Schauen Sie sich Behinderte an, die ihr Leben lang bestens mit ihren Einschränkungen zurechtkommen. Kaum ein „erfahrener" Behinderter wird Ihnen sagen, dass er unter seinen Einschränkungen „leidet". Das sind eher Definitionen, die von außen kommen. Tatsächlich ist der Spruch, dass man nicht behindert ist, sondern behindert wird, im Alltag oft das größere Problem. Immer dann, wenn eine Rampe fehlt, eine Toilette nicht benutzbar ist oder ein Aufzug nicht funktioniert, wird jemand mit körperlichen Einschränkungen behindert, obwohl er sich ansonsten bestens im Alltag zurechtfindet. Lassen Sie sich also auch nicht von gesundheitlichen Einschränkungen entmutigen. Das Leben ist lebenswert, auch wenn der Körper uns manchmal im Stich lässt.

Motivieren Sie sich zum aktiven Ruhestand

Gerade zu Beginn des Ruhestandes verfallen viele Menschen in eine Art Lethargie. Was als verdiente Erholung nach dem Ende des Arbeitslebens begonnen hat (ähnlich wie ein Urlaub), kann bei mangelnder Motivation schnell zum Abstumpfen führen. Ein solcher Ruhestand ist nicht erstrebenswert. Bleiben Sie also immer aktiv und motivieren Sie sich selbst damit, Ihre Zeit sinnvoll zu verbringen. Ob Sie einem Hobby nachgehen, nochmal eine Firma gründen, ein Buch schreiben oder andere sozial unterstützen – es gibt immer etwas zu tun. Möchten Sie nur für sich sein oder den Lebensabend mit Ihrem Partner in Ruhe verbringen, ist auch das in Ordnung – solange Sie dabei den Ruhestand wirklich genießen und nicht als langweilige Bürde empfinden. Oftmals wird als Argument angeführt, dass sich viele Ruheständler gar keine Aktivitäten leisten können. Zum einen gibt es auch für finanziell schlechter gestellte Rentner viele Angebote von Organisationen, die diese Zielgruppe besonders im Blick haben. Zum anderen muss man nicht zwangsläufig Geld ausgeben, um glücklich zu sein. Lange Spaziergänge kosten nichts. Viele sportliche Aktivitäten lassen sich mit wenig finanziellem Aufwand betreiben. Und wenn Sie kreativ sein wollen, schreiben Sie einfach ein Buch oder malen Sie ein Bild. Das kostet Sie auch so gut wie nichts und kann letztlich sogar Geld einbringen, wenn Sie Ihre Werke erfolgreich veröffentlichen. Jeder Tag, an dem Sie inaktiv sind, ist ein vergeudeter Tag. Ja, und irgendwann bekommen Sie den unausweichlichen „Räumungsbefehl" und müssen dieses Dasein verlassen. An irgendeinem Tag endet Ihr Leben. Aber an jedem anderen Tag endet es eben nicht – und es wäre doch schade, diese Zeit nicht sinnvoll zu nutzen.

In diesem Sinne wünsche ich Ihnen einen aktiven und erfüllten Ruhestand – gleichgültig, wie Sie ihn letztlich gestalten. Wichtig ist nur, dass Sie ihn gestalten und immer am Steuer Ihres eigenen Lebensschiffes bleiben. Wohin Sie der Weg führt, bleibt eine spannende Frage, die am Ende nur die Zeit beantworten wird.

Hat Ihnen mein Buch gefallen?

Wenn Ihnen mein Buch gefallen hat, würde ich mich sehr über eine Rezension freuen. Ich weise gerne darauf hin, dass es keine zwei Minuten dauert, eine kurze Rezension zu schreiben, die anderen Lesern und mir sehr weiterhilft. Etwas mehr als 10 Worte reichen bereits. Je mehr Worte Sie allerdings finden, desto mehr freue ich mich.

Lesenswerte Literaturempfehlung

Die verborgenen Chancen der Angst

Wie du Freundschaft mit der Angst schließt und dadurch frei sein wirst

von Yvonne George

Dieser einfühlsam und leicht verständliche Ratgeber zeigt dir, wie du die kalte Angst aus einer neuen Perspektive siehst und ihr liebevoll und friedlich im Alltag begegnest.

ISBN: 978-3982196503

Haftungsausschluss

Der Autor übernimmt keinerlei Gewähr für die Aktualität, Korrektheit, Vollständigkeit oder Qualität der bereitgestellten Informationen und weiteren Informationen. Haftungsansprüche gegen den Autor, welche sich auf Schäden materieller oder ideeller Art beziehen, die durch die Nutzung oder Nichtnutzung der dargebotenen Informationen bzw. durch die Nutzung fehlerhafter und unvollständiger Informationen verursacht wurden, sind grundsätzlich ausgeschlossen, sofern seitens des Autors kein nachweislich vorsätzliches oder grob fahrlässiges Verschulden vorliegt. Alle Angaben wurden vom Autor mit größter Sorgfalt und nach bestem Wissen und Gewissen recherchiert oder spiegeln seine eigene Meinung wider. Der Inhalt des Buches passt möglicherweise nicht zu jedem Leser und die Umsetzung erfolgt ausdrücklich auf eigenes Risiko. Es gibt keine Garantie dafür, dass alles genau so, bei jedem Leser, zu genau den gleichen Ergebnissen führt. Der Autor und/oder Herausgeber kann für etwaige Schäden jedweder Art aus keinem Rechtsgrund eine Haftung übernehmen.

Quellenangaben

https://selbstbewusst-werden.info/aufbruch-zu-neuen-ufern-gut-vorbereitet-in-den-ruhestand

https://www.seniorenbedarf.info/geld-sparen

https://www.braunschweiger-zeitung.de/wirtschaft/presseportal/article229455818/Rente-und-Steuern-Der-Ruhestand-im-Ausland.html

https://www.ratgeber-verbraucherzentrale.de/altersvorsorge-rente/rente-in-sicht-46008921

https://www.forschung-und-lehre.de/lehre/mehr-aeltere-gasthoerer-an-hochschulen-666/

https://www.bildungsserver.de/Seniorenstudium-999-de.html

https://www.zfw.uni-hamburg.de/kontaktstudium/interessenvertretung/infos-tipps-dokumente/broschuere-studieren-fuer-senioren.pdf

Impressum

1. Auflage
Herausgeber: Winterhain

Britta Zerdinger wird vertreten durch:

Maik Winter
Bürgerstraße 22
01127 Dresden

E-Mail: sommerma@gmx.de
Covergestaltung und Satz: Wolkenart - Marie-Katharina Becker, www.wolkenart.com

Printed in Poland
by Amazon Fulfillment
Poland Sp. z o.o., Wrocław

71845767R00092